글누림 문화콘텐츠 총서 10

지역문화산업 육성방안에 대한 연구
– 충청남도를 중심으로

저자 소개

김우성 호서대학교 컴퓨터공학부 교수

김희섭 충남테크노파크 영상미디어센터장

글누림 문화콘텐츠 총서 10

지역문화산업 육성방안에 대한 연구
– 충청남도를 중심으로

초판 인쇄 2005년 12월 16일
초판 발행 2005년 12월 24일
지은이 김우성 · 김희섭
펴낸이 최종숙
편집 김보라
펴낸곳 도서출판 글누림
주소 서울 성동구 성수2가 3동 301-80
전화 3409-2055
팩시밀리 3409-2059
등록 2005년 10월 5일 제303-2005-000038호
전자우편 nurim3888@hanmail.net
값 5,000원
ISBN 89-957345-9-0-03380

글누림 문화콘텐츠 총서 10

지역문화산업 육성방안에 대한 연구

– 충청남도를 중심으로

김우성 · 김희섭 공저

문화콘텐츠 총서 발간에 부쳐

　호서대학교 교수님들이 주축이 된 글누림 문화콘텐츠 총서의 발간을 축하합니다. 지금 우리가 살고 있는 21세기는 지식기반 사회로 들어서고 있는 바, 이러한 문화의 세기에 대학 교육도 초국적, 초학제, 초캠퍼스라는 새로운 환경에 적응해야 합니다. 이런 시대정신의 흐름에서 가장 필요한 것이 창의적인 도전정신입니다.

　이번에 발간되는 문화콘텐츠 총서는 그러한 도전정신을 가지고 우리 대학의 연구자들이 이룩한 연구 업적입니다. 금번 1차 문화콘텐츠 총서에 이어 신개척의 문화 영역에서 창의적이고 도전적인 업적들을 담은 우리의 총서는 지속적으로 간행될 것입니다.

　그간 우리 대학은 벤처정신을 극대화하고 특성화함으로써 비약적인 발전을 이룩해 왔으며, 하나님을 공경하고 사회와 인류에 기여하는 참사람을 길러내는 데 최선을 다해 왔습니다. 이번 총서도 바로 이 인재 양성의 목표를 위해 노력한 그간의 창조적이고 도전적인 젊은 벤처정신이 일구어낸 결실인 것입니다.

　빛과 소금이 되라는 성경 말씀을 실천에 옮긴 문화콘텐츠 총서 기획단 및 집필자 여러분의 노고에 다시 한번 격려의 말씀을 드리는 바입니다.

호서대학교 총장　강 일 구

EDITOR'S NOTE

2000년에 들어 '文化産業'이라는 이름으로 출발했던 것이 이제는 '문화콘텐츠'라는 이름으로 굳어져 다음 세대의 산업을 선도할 핵심 분야라는 평가를 듣고 있다. 문화산업이 아니라 문화콘텐츠산업이라고 그 명칭도 수정되어 지금은 문화콘텐츠산업을 진흥하기 위한 문화콘텐츠진흥원도 설립되었다. 또한 관련 학회도 활발히 활동하고 있다. 각각의 문화산업 분야의 학회는 말할 것도 없고 산업과는 거리가 멀 것 같은 人文 영역이 이젠 문화콘텐츠산업에 중추적 역할을 할 것이라는 사명감으로 인문콘텐츠학회도 만들었다.

미국에 있는 학과 교수에게 문화콘텐츠를 영문으로 표기해야 할 일이 있었다. 한국문화콘텐츠진흥원의 영문 명칭을 참조해 'Culture and Content'라는 용어로써 표기했다. 잘 모르겠다는 눈치여서 우리가 생각하는 문화콘텐츠를 설명하니 그것은 문화산업이니 'Culture Industry'로 표기해야 하는 것이라고 했다. 영화나 게임 등 상업적 목적이 뚜렷한 것은 말할 것도 없고 한국문화원형사업이든, 韓流事業이든, 지역축제든 에듀테인먼트든 그 궁극적인 목적은 문화를 기반으로 한 산업화의 가능성이라는 것을 털어놓으라는 말이다. 사실 출발이 문화산업으로부터 출발했으니 그 문화산업의 내용을 문화콘텐츠라고 지시한다고 해서 산업적 속성이 사라지는 것은 아니다.

문화산업이라고 하든, 문화콘텐츠산업이라고 하든 처음의 출발이 산업적 개념과 목적으로 시작된 것은 사실이다. 천박한 商魂은 모든 것을 상품화하기 마련이라고 나무라기 전에 가치를 인정받지 못하면 결국 존재적 의의마저도 상실될 수밖에 없는 가혹한 현실을 받아들여야 한다는 것이다. 지금의 상황이 인문학의 위기는 아니며, 인문학의 위기가 기초 학

문의 위기는 더욱 아니며 학문의 위기는 더더욱 아니라고 한다. 오히려 탄탄한 기초 학문, 인문 학문이 문화산업의 가능성을 열어주니 학문으로서는 새로운 대응력을 갖는 것이라고 역설한다.

우리 대학은 산학 분야에서 단연 인정받고 있다. '벤처'를 학교의 모토로 삼은 것도 벤처 산업을 염두에 둔 것이 아니라 문자 그대로의 의미에서 '모험 정신'을 내세우기 위함이다. 이러한 의미에서의 모험 정신이 산학 분야에 집중되었다면 이제는 그 학술적 역량을 발휘할 때가 되었다. 이번 문화콘텐츠 총서의 정신은 바로 여기에 있다.

이 총서는 교양 있는 일반인을 위한 문화콘텐츠의 학술적 동향과 안내를 하는 것이 그 목적이다. 쉽고 간결한 문체를 선택하도록 했고 많은 그림과 도표로써 이해를 돕도록 했다. 모든 주석은 내용주로 처리하되 설명을 위한 최소한의 주석만 넣도록 했다. 단순 전거를 밝히는 주석은 참고문헌에서 몰밀어서 제시하도록 했다. 이러한 원칙을 정하고 모두 네 차례에 걸친 심포지엄을 열어 서로의 초안을 읽고 의견을 개진했다. 그러니 이 총서는 사실 개개의 집필자의 개성에 넘치는 저작이면서도 또한 공동 작업의 결과이기도 하다.

지금은 1차 총서이지만 향후 문화콘텐츠의 전 영역에 걸쳐 2, 3차 총서가 지속적으로 발간될 것이다. 이 작업이 문화콘텐츠라는 初有의 분야에 의미 있고 중요한 저술이 되길 희망한다.

호서대학교 한국어문화학부 국어국문학전공 김성룡

PROLOGUE

우리나라에서 문화산업은 국가 전체적으로 매우 중요하게 생각하고 있는 것 같습니다. 특히 근래에는 21세기 핵심 산업이니, 성장동력 산업이니 하는 말을 많이 합니다. 또한 동남아시아에서 불고 있는 한류와 관련해서 문화산업의 중요성 등이 언론매체를 통해 많이 소개되고 있습니다.

저희는 책이란 것을 본 적은 있어도 써 본 경험이 거의 없습니다. 책이 가져야 하는 필수적인 폼이란 것 등에 대한 지식이 없는 상태에서 책을 집필한다는 것이 저희에게는 무척 어려운 작업이었습니다. 그럴 때마다 도움이 되어주신 주변 여러분들께 우선 감사를 드립니다.

이 책을 통해 그동안 문화산업 분야에서 일하면서 느끼고 있었던 문화산업의 발전 방향에 대해 정리해 보고자 하였습니다. 또 문화산업이 가지고 있는 특수성을 알리고 싶었고 지역에서 문화산업을 활성화하는 방향에 대해 정리해 보고자 하였습니다. 우리나라 지방자치단체에서 추진되고 있는 문화산업 지원기관들의 정확한 조사와 추진 방법 등에 대해서도 정리를 해보고자 하였으나, 주어진 시간과 글을 쓰는 기술에 있어 자신이 부족한 면이 많았다는 것을 알게 되었습니다. 그때마다 후회도 많이 했고 포기도 여러 차례 생각했습니다. 과연 누가 이런 책을 읽을 수 있을 것인가, 독자에 대한 기만은 아닌지 많은 고민을 하게 되었지만, 이 책을 통해 조금이나마 문화산업을 이해할 수 있게 된다면 하는 의미를 부여해 가면서 탈고를 하였습니다. 그렇지만 많이 부끄럽고 낯 뜨겁다는 것이 솔직한 심정입니다.

문화산업은 아주 특수한 산업입니다. 전자산업이나, 자동차산업 등과 같은 통상적인 산업과 같이 이해하고 추진됨으로써 시행착오를 겪고 있다고 생각하고 있습니다. 또 이러한 사업적인 특성을 이해하는 분도 많지 않아 안타까운 생각이 들었습니다. 일반적으로 산업을 활성화시키기 위해서 흔히 우리는 선택과 집중을 해야 한다고 역설하고 있습니다. 그러나 문화산업에서는 이 말은 허구라는 것도 말하고 싶었습니다. 그리고 어느 대통령께서 말했던 가장 한국적인 것이 가장 세계적인 것이라는 말의 허구성도 이야기하고 싶었습니다. 문화산업은 멘탈산업이기 때문에 국가적으로 관심을 가질 수밖에 없다는 말도 하고 싶었습니다. 이러한 생각들을 논리적으로 풀어나가고 싶었는데 사용되는 단어나 문맥이 너무 거칠어서 독자들에게 전달되는 느낌에 한계가 있을 것이라는 추측을 해봅니다.

이 책을 끝까지 읽어 주실 독자 여러분께 진심으로 감사드리고, 이 책이 나오기까지 도와주신 모든 분들께 감사의 말씀을 드립니다.

2005. 12. 1.

김우성, 김희섭

CONTENTS

1. 서 론

(1) 연구의 배경 및 목적

21세기 세계경제의 패러다임은 자본과 노동집약형 구조에서 소프트웨어, 콘텐츠 중심의 지식기반산업으로 급속히 변화되고 있다. 이러한 맥락에서 문화산업은 단순한 콘텐츠산업 뿐만 아니라 고부가가치 산업이며, 멘탈(Mental)산업으로 한 나라의 정체성을 좌우할 수 있는 매우 중요한 산업이다.

문화산업은 이제 대표적인 지식산업이자 고부가가치 산업이며, 21세기 세계 경제를 이끌어갈 대표산업으로 주목받고 있다. 세계 각국은 문화산업을 국가 전략산업으로 선정, 국가차원의 집중지원을 통해 세계시장 선점에 총력을 기울이고 있다.

우리나라 역시 정보통신(IT), 생물(BT), 나노(NT) 등과 함께 문화산업을 차세대 성장동력산업으로 선정하고 집중지원 정책을 수립하고 지원하고 있으며, 최근 중앙정부뿐만 아니라 지방자치단체들도 문화산업 육성을 위해 다각적인 지원을 하고 있다.

그러나 이러한 지방자치단체의 지원정책은 장기적인 전략이나 지원정책에 있어 문화산업의 특성을 정확하게 이해하지 못한 채 추진됨에 따라 많은 문제점이 드러나고 있다. 특히 문화산업에서 가장 중요한 부분이라 할 수 있는 '문화콘텐츠산업을 어떻게 육성 · 발전시킬 것인가'에 대한 종합적인 대책을 수립하지 못하고 있는 것이 가장 큰 문제점이다.

본 연구의 목적은 문화산업의 특성을 정확히 분석하고 실효성 있는 정책을 수립, 제시할 수 있는 방안들을 충청남도를 중심으로 살펴보고, 이를 통해 우리나라의 지역의 문화산업 발전방안을 제시하고자 한다.

본 연구에서는 이러한 연구목적을 달성하기 위해 다음과 같은 세부 연구목표를 수립하였다.

　가. 지역문화산업을 육성하기 위해 무엇을 준비해야 하는가?
　나. 지역문화산업의 문제점과 발전방안은 무엇인가?
　다. 지역문화산업 육성을 위한 실질적인 실천방안은 무엇인가?

(2) 연구방법과 범위

❶ 연구방법

보다 구체적인 연구목적의 달성을 위해 본 연구는 다음과 같은 다양한 방법론을 통해 진행되었다.

첫째, 문화산업에 대한 이론적 고찰을 위해 국내외 문화산업 관련 문헌 및 자료조사를 실시하였다.

둘째, 구체적인 자료제시 및 실태파악을 위해 문화산업과 관련된 국내외 통계자료를 분석하였다.

셋째, 지역문화산업에 대한 문제점 도출을 위해 관련기업 대표자, 교수 등 전문가 집단에 대한 설문조사를 실시했다.

넷째, 이러한 분석결과를 토대로 충청남도 문화산업 육성을 위한 구체적인 전략수립과 실천방안을 도출하였으며, 이를 통해 지역문화산업 육성방안을 제시하였다.

❷ 연구의 범위

① 산업적 범위

문화산업은 매우 포괄적인 개념과 범위는 연구목적에 따라 다양하게 해석될 수 있으며, 그 범위 역시 매우 광범위하다.

따라서 본 연구에서는 문화관광부가 8개 주력분야로 선정한 영상물(영화, 비디오, DVD), 방송, 음반, 게임, 애니메이션, 캐릭터, 만화(출판), 모바일 등을 제한해서 살펴보았다. 이와 함께 충청남도의 지역여건, 문화산업의 발전 전망, 주변 산업에 대한 파급효과 등을 고려하여 정책적으로 육성할 필요가 있는 산업적 범위도 함께 포함시켰다.

그림 1 본 연구의 흐름도

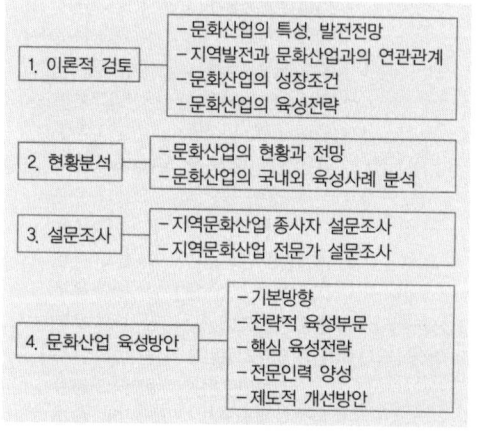

② 지역적 범위

본 연구의 대상이 되는 지역은 충청남도로서, 구체적으로 본 연구자가 거주하고 있는 천안, 아산 지역과 그 인접지역을 포함한다.

그러나 문화산업의 현황과 육성사례 등을 분석하기 위해 우리나라 전체를 연구범위에 포함시킬 필요가 있었으며, 이미 문화산업을 지역전략산업으로 표방하고 추진한 춘천, 부천, 부산, 대전, 광주, 부천, 전주, 대구 등을 연구범위에 포함시켰다.

③ 시간적 범위

본 연구는 지역문화산업 발전방안을 제시하는 연구이기 때문에 엄격한 시간적 범위 설정이 어려운 것이 사실이나, 우리나라 문화산업의 지표와 통계자료가 발표되었던 1990년대 이후 자료들을 중심으로 검토하였고, 이를 토대로 현재와 향후 5년 내외의 중장기 전망을 연구범위에 포함시켰다.

2. 문화산업과 지역발전

(1) 문화산업의 개념과 특성

문화산업이라는 용어는 독일 프랑크푸르트학파의 M. 호르크하이머(M. Horkheiner)와 T. 아도르노(T. Adorno)가 1947년 출간한 "계몽의 변증법"에서 문화의 대중화 현상을 비판하면서 처음 사용한 것으로 알려져 있다(문화산업의 발전방안, 2000). 그들은 문화산업이 자본주의 경제논리에 따라 이윤추구를 목적으로 생산되는 것이며, 인간의 감각적 쾌락만을 자극하여 현실도피에 이르게 하는 반계몽적인 것으로 설명하고 있다.

이처럼 학문적 용어로 처음 등장하였을 당시 문화산업의 개념은 오늘날과 같은 문화·경제적 시각의 개념이 아니라, 자본주의적 문화생산의 모순을 지적하기 위한 비판적 개념으로 사용하였다. 이러한 문화산업에 대한 비판은 세계화가 진전된 오늘날에도 계속되어 문화산업이 미국식 상업주의 문화를 세계의 보편문화로 만들어 가고 있다는 지적을 받고 있다(한국지방행정연구원, 2000).

문화산업이 경제학적 관점에서 인식된 것은 1960년대로, 이때에는 경제학의 주된 연구과제라기 보다는 지역개발이나 기타의 도시 정책적 논의 수준에서 다루어져 왔다(한국지방행정연구원, 2000). 이후 이 분야에 대한 관심이 본격적으로 구체화된 것은 1980년대 들어 문화산업 부분에 다국적 기업이 등장하고 그에 따라 국가간의 문화적 지배와 종속, 문화적 정체성, 문화산업에 대한 국가적 지원과 육성 등의 문제가 국가적 관심 사항으로 부상하기 시작하면서 부터이다(문화산업의 발전방안, 2000).

이러한 과정을 통해 대두된 문화산업은 아직 개념적 정의에 있어서 합의에 도달하지 못한 채 모호한 수준에서 머물러 있는데, 그 주된 원인은 '문화'라는 개념 자체가 너무 다의적이고 광범위하기 때문이다.

우선, 광의의 개념에서 보면 문화산업은 문화, 예술 분야를 상품화한 모든 산업을 의미하는 것으로, 이 경우 산업화 단계에 들어서 있지 않거나 산업의 수준에 미치지 못하지만 상품화된 모든 문화, 예컨대 수공업 수준에 머물러 있는 문화, 예술품까지도 포함할 수 있다. 그러나 이러한 광범위한 해석은 문화산업을 구체적으로 분석하거나 그에 대한 정책을 수립하는 데에 혼란을 야기하는 단점이 있다.

한편, 보다 구체화된 개념으로서의 문화산업은 문화예술을 상품의 소재로 삼되 일부 특정인이 아닌 일반 대중의 정서적 수요를 충족시키기 위해 상품과 서비스를 대량으로 생산, 판매하는 모든 사업 영역으로 정의할 수 있다. 그러나 이러한 경우에도 문화산업의 범위가 자의적으로 설정될 우려가 있는데, 이는 문화산업이 시대적 변천과 기술변화, 그리고 그 나라의 문화 및 기술적 특성 및 수준 등에 따라 각기 달리 나타날 수 있기 때문이다(문화산업의 발전방안, 2000).

문화산업에 대한 각 국가의 정책적 용어를 살펴보면, 프랑스, 호주 및 일부 개발도상국가들은 우리와 같은 문화산업(culture industry)이라는 용어를 사용하는 반면, 영국은 창조산업(creative industry)과 문화산업을 혼용하고 있고, 캐나다는 예술산업(art industry), 일본은 오락산업(entertainment industry)이라고 지칭한다. 또 OECD의 경우 영상, 출판, 음반, 방송, 관광산업을 정보, 오락산업으로 정의하고 있다. 이들 용어들에 함축된 의미는 문화산업의 논의가 점차 첨단 문화산업으로서 멀티미디어 콘텐츠산업의 범주와 동일화되고 있다는 것이다(한국지방행정연구원, 2000).

　우리나라에서는 문화산업의 개념이 "문화예술진흥법"과 1990년 2월 제정된 "문화산업진흥 기본법"에 구체적으로 정의되어 있다. 먼저, 문화예술진흥법 제2조 2항에 의하면 문화산업은 "문화예술의 창작물 또는 문화예술품을 산업의 수단에 의하여 제작, 공연, 전시, 판매를 하는 업"으로 규정하고 있다. 그리고 문화산업진흥 기본법 제2조 1항에서는 "문화상품의 생산, 유통, 소비와 관련된 산업"으로 정의하고 문화상품을 문화적 요소가 채화되어 부가가치를 창출하는 유, 무형의 재화와 서비스 및 이들의 복합체로 규정하고 있다.

　이들 두 법을 비교하면 문화산업진흥기본법이 문화예술진흥법에 비해 문화산업을 더 광의적으로 해석하고 있을 뿐 아니라 문화산업의 경제적인 측면을 더 강조하고 있는 것으로 보인다(문화산업의 발전방안, 2000).

　이상의 논의를 정리해보면 결국 문화산업은 창작에 의해 만들어진 문화, 예술품을 기반으로 하는 산업으로서 인류의 무형적 생산물 전반을 지칭하는 것이라 할 수 있다.

　결론적으로 문화산업은 문화와 오락의 조화를 통해 만들어지는 인류 최대의 지식산업이며, 정신(mental)산업이다. 따라서 지식기반 시대인 21세기에는 문화산업이 모든 산업을 지배하게 될 것

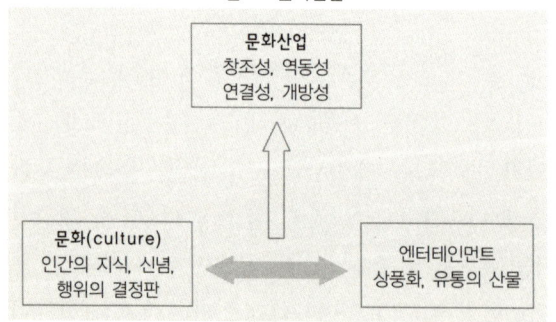

그림 2　문화산업

이며, 이러한 이유에서 세계 각국은 문화산업 육성에 최선을 다하고 있는 것이다.

또한 21세기 산업 중 가장 부가가치가 높은 산업이기 때문에 국제적으로 자국의 경쟁력을 높이기 위한 주된 산업으로 규정되고 있으며, 전후방 산업들과 연계하여 다각적인 시너지 효과를 창출하는 핵심산업으로 부상하고 있다.

최근 국내의 겨울연가 등으로 시작된 '한류열풍'은 방송, 영화의 해외수출 증대뿐만 아니라, 이와 관련된 관광산업, 음반, 캐릭터 등 연관 산업에 대한 매출 증대의 효과까지 이어지고 있다. 또한 한류열풍으로 인해 국가인지도 상승에까지 영향을 미치고 있는 실정이다. 문화산업의 파급효과는 타 산업과 비교할 수 없을 정도로 실로 강력하며, 그 어떤 외교관의 역할 보다 중요하다는 것을 보여주는 사례라 할 수 있다.

(2) 문화산업의 범위

문화산업에 대한 개념적 정의는 매우 다양하지만, 대체로 '문화·예술을 소재로 상품화하여 대량생산과 대량소비를 할 수 있는 산업'으로 보는 것이 하나의 보편적인 시각으로 인식되고 있다.

그러나 이러한 개념적 보편성과는 달리 문화산업의 '범위'를 과연 어디까지로 정할 것이냐 하는 것에는 아직도 일정 수준의 합의에 도달하지 못하고 있는데, 그것은 기술의 시대적인 발전상황이나 각 나라별 산업화·과학기술의 수준에 따라 문화산업에 포함될 대상이 매우 달라질 수 있기 때문이다. 예컨대 불과 20~30년 전만 해도 문화산업에 포함되는 분야는 출판,

인쇄, 신문, 방송, 영화, 박물관 등이 고작이었다. 최근 들어 여기에 광고 및 문화관광까지도 추가되었으며, 정보통신기술이 급속히 발전하면서 이전에는 그 개념조차 없었던 멀티미디어 콘텐츠분야가 문화산업의 범위에 새롭게 포함되고 있다(문화산업의 발전방안, 2000).

우리나라의 경우, 문화산업의 범위는 "문화산업진흥기본법"에서 다음과 같이 4가지로 구분하고 있다(한국지방행정연구원, 2000).

(1) 영화, 음반·비디오물 및 게임물, 출판·인쇄물·정기간행물, 방송 프로그램, 문화재와 관련된 산업
(2) "문화적 요소"(예술성·창의성·오락성·여가성·대중성)가 채화되어 경제적 부가가치를 창출하는 캐릭터, 애니메이션, 디자인(산업디자인 제외), 광고, 공연, 미술품, 전통공예품과 관련된 산업
(3) 영상소프트웨어 중 양방향성 멀티미디어 기술을 이용한 멀티미디어 콘텐츠와 관련된 산업(정보통신 관련 기술지원은 제외)
(4) 기타 전통적인 소재·기법·이미지를 활용한 의상·식품·주거·조형물·장식용품 소품 및 생활용품과 관련된 산업 및 위의 문화상품을 대상으로 하는 전시회·박람회·견본시장·축제 등 이벤트의 기획·운영 등과 관련된 산업

이와 같이 우리나라의 경우에는 여타 선진국에 비해 문화산업의 범위가 상당히 확장되어 있음을 볼 수 있는데, 문화산업의 개념이 단지 예술, 콘텐츠관련 산업만 지칭하는 것이 아니라 오랫동안 전통 문화 상품으로 인식되어 오던 전통공예품이나 전통적 소재, 기법, 이미지를 활용한 각종 산업 활동도 아우르고 있다.

정책적인 측면에서는 이것이 보다 구체적으로 제시되어 있는데, 2000년 문화관광부가 발표한 「문화산업진흥 5개년 계획」에 의하면 문화산업은 다음과 같이 대략 6개 분야와 이들이 서로 혼합된 분야로 나누어진다(한국지방행정연구원, 2000).

그림 3 문화산업의 구분

- 영상산업(영화, 비디오, 애니메이션)
- 게임산업
- 음반산업
- 방송 및 광고산업
- 출판산업
- 캐릭터, 패션디자인, 전통문화 공예산업
- 위 둘 이상이 혼합된 산업 및 첨단 문화콘텐츠산업

(3) 문화콘텐츠산업의 의의

❶ 콘텐츠의 정의

콘텐츠(Contents)란 '내용물'이란 뜻으로 1990년대 중반 유럽 국가들이 Multimedia Content 라는 용어를 쓰기 시작한 것이 효시이다. 영어권 국가에서는 단수형인 '콘(칸)텐트'로 발음하고 있는데 특별히 국내에서만 복수형인 "콘텐츠"로 쓰고 있다. 이는 처음에 테헤란밸리에 있는 국내 벤처업계와 매스미디어에서 "내용물 전반"을 지칭하기 위해서 편의상 사용한 것이 발단이며, Media가 Medium의 복수형인 것에 영향을 받은 면도 있다. 또한 "원소스멀티유즈 (One Source-Multi Use)" 개념에 따라 멀티미디어의 다중적인 활용을 강조하면서 복수형이 고착화되었다(삼성경제연구소, 2002)고 볼 수 있다.

이러한 과정을 거쳐 이제 완전히 한국식 표기어가 되어버린 '콘텐츠'는 "문자, 영상, 소리 등의 정보를 제작하고 가공해서 소비자에게 전달하는 정보상품"으로 정의할 수 있는데, 구체적으로는 영화나 비디오, 텔레비전 프로그램, 책, 신문, CD와 라디오로 듣는 음악, 컴퓨터 게임, 인터넷을 통해 이용하는 모든 정보를 지칭한다.

콘텐츠는 그 특성에 따라 멀티형, 축적형, 쌍방향형, 실시간 정보형, 수집·갱신형 콘텐츠로, 형식에 따라서는 비디오 콘텐츠와 데이터 콘텐츠로 분류한다. 이 중 특히 비디오 콘텐츠는 영상콘텐츠로서 영화, 텔레비전 프로그램, 오디오 클립 등이 포함되며, 데이터 콘텐츠는 문자콘텐츠로서 신문과 잡지, 각종 출판물, 인터넷에 오르내리는 막대한 텍스트 정보를 지칭한다.

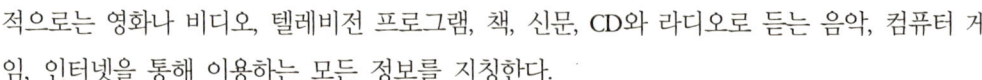

표 1 콘텐츠의 유형과 특성

콘텐츠 유형	특성
멀티형 콘텐츠	영화나 애니메이션처럼 한 번 제작된 콘텐츠가 다양한 유통경로를 통해 반복적으로 소비되는 콘텐츠
축적형 콘텐츠	정보가 데이터베이스로 축적되어 이용되는 콘텐츠
쌍방향형 콘텐츠	서로 정보를 주고받는 데 가치가 있는 콘텐츠로서 커뮤니케이션형 콘텐츠라고도 함
실시간 정보형 콘텐츠	신문과 텔레비전 뉴스 등 통신회사가 제공하는 속보성 가치가 있는 정보 콘텐츠
수집·갱신형 콘텐츠	정기적으로 정보를 수집, 갱신하여 데이터베이스로 활용할 수 있는 콘텐츠

디지털 네트워크 시대에 있어 핵심적인 경쟁력은 콘텐츠에 있다고 해도 과언이 아니다. 즉, 한 사회가 얼마나 많은 콘텐츠 자원을 가지고 있느냐가 곧 그 사회의 경쟁력이자 경제력을 결정하게 된다.

❷ 문화콘텐츠산업의 정의

문화콘텐츠산업의 의미는 콘텐츠산업이 가지는 해석의 범위에 의해 달라진다. 넓은 의미에서의 콘텐츠산업은 한마디로 '정보기술(IT : Information Technology)산업이 소비자에게 전달하려는 모든 것을 생산, 유통하는 산업'이라고 말할 수 있다. 여기에는 영상은 물론 음성이나 문자, 문학이나 언론도 포함되며, 문화산업의 영역 이외에 통신과 기타 소프트웨어산업을 포함하는 포괄적인 산업으로 인식될 수 있다.

한편 협의의 콘텐츠산업은 이른바 '멀티미디어 콘텐츠산업'으로서, 문화산업의 일부분을 의미하는 개념으로 사용된다. 이러한 개념적 정의에서 본다면 패션, 캐릭터, 공예품제작, 공연 등은 협의의 콘텐츠산업 범주를 넘어서는 포괄적인 개념에서의 문화산업을 의미한다고 할 수 있다. 따라서 문화콘텐츠산업은 문화산업 범주에서 '다양한 형태로 소비자들에게 제공될 수 있는 문화적 상품 및 정보로 정의'될 수 있을 것이다(문화관광부, 2001).

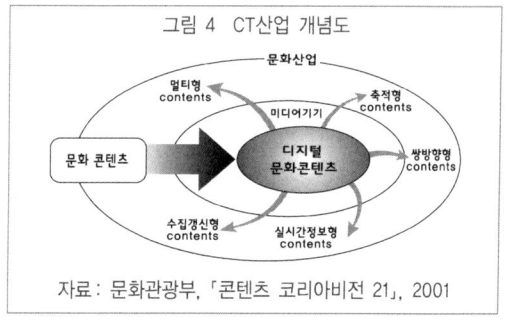

그림 4 CT산업 개념도

자료 : 문화관광부, 「콘텐츠 코리아비전 21」, 2001

디지털 시대에서 '문화'는 특별한 의미를 지니게 될 것으로 전망된다. 디지털 시대에서 사람들은 단순한 감상 위주의 문화소비에서 벗어나 직접 참여하고 향유하는 적극적인 문화소비자가 되려 할 것이며, 생활에서 재미를 추구하려는 사람들이 많아지면

표 2 CT의 문화산업 응용분야

기술분야	기술 내용	문화산업 응용
미디어창작	자연어처리, 인공지능, 디지털콘텐츠검색, 3차원영상, 하이퍼텍스트	콘텐츠 설계와 제작
시각미디어	디지털 배우, CG+실사 합성기술, 영화제작 특수효과, 디지털영상 등	영상물, 방송, 애니메이션, 게임, 캐릭터 등 시각영역
청각미디어	컴퓨터악기 개발, 음향디자인/편집, 3차원 입체 음향기술	음악, 영화, 게임 등 청각영역
미디어시스템	가상스튜디오, 게임엔지 제작, 디지털콘텐츠 저작도구, 저작권 보호 및 관리기술, 표준화 기술	콘텐츠 설계, 제작 및 전송

자료 : 삼성경제연구소, 「CEO Information : 한국 문화산업발전을 위한 긴급 제언」, 2002.

서 문화산업과 오락산업이 대중문화의 핵을 이루며 산업으로서의 입지를 차지할 것이다. 또한, 사람들이 효용가치를 비교하는 이성적 소비보다는 느낌을 중시하는 감성적 소비를 선호함에 따라 감동이나 재미가 모든 산업분야에서 강조될 것이다. 여기에 디지털 기술이 가세함에 따라 사이버 공간에서의 가상현실과 같은 디지털문화산업이 발달될 것으로 전망된다. 이러한 변화 속에서 사람들에게 건전하고 생산적인 "놀 거리"들을 상품으로 개발하여 제공하는 산업이나, 재미와 감동을 주는 콘텐츠가 엄청난 부가가치를 창출할 것으로 예상된다.

한편, 문화콘텐츠산업에 대한 이해를 위해서는 최근에 새로운 개념으로 대두된 CT(Culture Technology)에 대한 이해가 필요하다. CT는 일반적으로 문화콘텐츠를 디지털화하는 기술의 개념으로 인식되고 있으나, 좀더 넓은 의미에서는 디지털 문화 콘텐츠를 창조, 개발, 유통하는 노하우나 기술로 해석될 필요가 있다. 즉, 문화콘텐츠를 디지털화 하는 과정에서 IT는 CT로 변용되고, CT는 디지털 문화콘텐츠의 주요 발전 요인으로 등장하고 있는 것이다.

이러한 디지털콘텐츠산업은 앞에서 언급한 바와 같이 여러 기준에 따라 다양하게 구분할 수 있으나 온라인에서 일어나고 있는 비즈니스 유형에 따라 구분하여 보면 다음과 같이 정리할 수 있다.

표 3 ㆍ디지털콘텐츠산업의 분류

분 류		정 의
디지털 정보	전문정보 서비스	– PC통신 및 인터넷을 통하여 제공되는 텍스트 및 멀티미디어 형태의 전문정보(예: 법률 정보, 금융정보 등)
	일반정보 서비스	– PC통신 및 인터넷을 통하여 제공되는 텍스트 및 멀티미디어 형태의 일반생활이나 기타 정보(예: 상품 정보, 생활정보, 기타 등)
디지털 출판	e–Book	– 책의 구조를 가진 Viewer가 탑재된 정보단말기를 통하여 지식을 전달하는 콘텐츠비즈니스
	웹출판	– 웹신문, 웹진, 웹사전, 웹만화 등 인터넷을 통하여 발간되는 지식전달용 콘텐츠비즈니스
디지털 게임	PC게임	– PC기반 게임
	온라인게임	– 통신망을 이용하여 서비스되는 게임
디지털 영상	특수편집 영상물	– 방송, 영화, 광고 등에 이용될 특수편집 영상 및 컴퓨터그래픽 작품
	디지털 영화/ 애니메이션	– 2D / 3D 등 컴퓨터 그래픽을 이용한 영화 및 애니메이션
	사이버 캐릭터	– 상품화를 목적으로 디지털화된 2ㆍ3차원의 형상모델
	전시영상	– 이벤트 및 홍보용으로 컴퓨터그래픽으로 제작된 전시용 영상
교육용 콘텐츠	온라인형 콘텐츠	– 영상, 음성, 그래픽, 텍스트 등으로 이루어진 양방향 학습 프로그램
	패키지형 콘텐츠	– CD, 디스켓 등의 오프라인 기억매체를 통한 학습프로그램
e–Music		– 인터넷을 통한 유료유통을 목적으로 기획ㆍ제작되는 음악용 콘텐츠
웹 캐스팅		– 인터넷을 통한 중계서비스
시뮬레이션		– 건축, 환경, 기계동작, 모의 전쟁 등을 컴퓨터그래픽으로 구현
원격진료		– 진료를 목적으로 디지털화된 화상 및 음성을 송수신
메일링 서비스		– 이메일을 이용한 맞춤형 정보제공
모바일 콘텐츠		– 무선인터넷을 이용하여 디지털콘텐츠를 서비스

자료 : 디지털콘텐츠산업의 분류 / 정보통신부 정보화 촉진 관련 주요 정책과제(안) (2002~2006)

위에 제시한 분야는 IT산업의 성장기반 위에서 앞으로 본격적으로 산업을 주도하게 될 "디지털 콘텐츠"의 분야들이다.

지금까지는 이러한 디지털콘텐츠산업이 IT산업의 지원에 의하여 자생력을 가지게 되었다면, 이제부터는 역으로 이러한 문화콘텐츠의 개발과 보급이 IT산업의 성패를 좌우하게 되는 시점에 와 있는 것이다.

(4) 문화산업 발전방향 및 전망

표 4 세계 주요 문화콘텐츠 시장 전망

년도 분야	2000년	2003년	연평균 증가율(%)
출 판	3,236	3,746	5.4
영 화	680	824	6.6
방 송	1,680	2,000	6.0
음 반	384	446	5.1
게 임	1,212	2,666	30.2

자료 : PW(Price waterhouse and coopers), 2001 / 문화관광부 디지털시대 방송 영상산업 추진전략, 2001.

이제 디지털 콘텐츠와 문화 예술이 부분적으로 사이버(Cyber) 공간에 진입하기 시작했으며 그 위력은 그것이 가진 쌍방향성(Interactivity) 능력을 얼마나 잘 구현할 수 있느냐에 따라 좌우될 것으로 보인다.

또 경제의 중심이 필요가치에 따른 전통 제조업 중심에서 이미지 가치가 중시되는 경제구조로 재편됨에 따라 세계시장이 지식문화 주도의 콘텐츠산업을 중심으로 급속하게 재편되고 있어서, 이제는 한 국가의 문화가 국제적인 정체성이자 상품이 되고 있다.

현재 선진 각국은 국가경쟁력 강화를 위해 문화콘텐츠산업을 전략산업으로 육성하고 있는데, 미국의 경우 자국의 영상산업이 2005년에는 세계시장의 70%를 점유할 것으로 기대하면서 영상산업을 군수산업과 함께 2대 주력산업으로 간주하고 있다. 유럽은 1995년부터 (INFO 2000)프로젝트를 추진하여 총 6천 5백만 유로를 투자하고 있는데, 특히 영국은 콘텐츠산업을 창조산업(Creative Industry)으로 명명, GDP 비중 10% 달성과 100만 개 일자리 창출을 목표로 정책을 강력하게 시행되고 있다 (디지털콘텐츠 실천계획, 2000). 또한, 일본도 「디지털 방송신시대 보고서」, 「e-Japan 전략」을 잇달아 발표하면서 문화콘텐츠 및 디지털콘텐츠산업 육성에 본격적으로 나서고 있다.

표 5 주요 인터넷 콘텐츠시장 수요전망   (단위 : 백만달러)

분야	년도	2001년	2002년	2003년	2004년
음반	다운로드판매	227	450	789	1,072
	인터넷 판매	1,840	2,763	3,157	3,214
인터넷 영화		2	8	16	126
e-book		110	218	315	426

자료 : Forrester Research. 2000.

우리나라의 경우에도 최근 문화산업의 성장이 빠르게 이뤄지면서 창작능력과 기획력의 중요성이 커지고 있으며, 제작공정의 디지털화, 콘텐츠의 다매체 다채널화되는 경향을 보이고 있다. 이를 각 분야별로 살펴보면, 먼저 영상산업의 경우 기기의 소형화와 고기능화가 이루어지고 영상편집 시스템이 디지털화되어 개인 영상물 제작자의 활동이 급격히 늘어나고 있다. 또한 디지털방송, 디지털영화, DVD, DMB 등 새로운 영상물 유형이 등장하고 관련 콘텐츠의 제작 활성화가 이루어지고 있다.

출판 분야에서도 멀티미디어출판 형식이 확대되어 주문형의 다품종 소량 생산과 전자 출판이 확산되고 있다. 또한 1인 출판시스템이 현실화되고 있으며, 전자책과 온라인 출판 확대에 따른 보안인증 기술의 보완이 필요한 시점이다.

음반산업의 경우도 디지털 음향기기의 저가화로 인해 개인 홈 스튜디오 구축 등이 일반화되는 한편, 음원 부족과 해외 음원에 대한 정보 부족 등의 선진국형 문제들이 생기고 있다. 그러나 인력양성 방식에서는 여전히 도제식 시스템 위주로 이뤄지고 있어서 숙련인력의 원활한 수급이 이뤄지지 못하고 있다. 따라서 디지털 장비의 운용 능력과 음악적 재능, 즉 기술적

능력과 예술적 소양을 겸비한 신종 인력을 양성하는 일이 시급하다.

한편 애니메이션산업에서는 하드웨어(H / W), 소프트웨어(S / W)산업의 고성능화 및 저렴화, CG기술의 확대 등으로 인해 점차 3D 애니메이션 위주로 사업을 전환하는 사례가 늘어나고 있다. 그러나 역시 국산 그래픽 S / W, H / W가 절대 부족하여 고급 기술을 외국에 의존할 뿐 아니라, 기기의 감가상각비가 급격히 발생하는 점은 현장의 발목을 잡고 있다. 또, 대학 등 애니메이션 관련 교육기관 역시 기기를 정기적으로 유지·보수하고 신기술을 적시에 교육하는 역할보다는 값비싼 외산 장비의 소비자 역할에만 충실하고 있는 실정이다. 앞으로는 제작방식에 있어서 OEM 중심의 현행 관행에서 벗어나 창작기획 방식으로 전환을 모색해야 하며, 아울러 각종 캐릭터 머천다이징과 관련 미디어를 복합적으로 활용하는 방안도 적극적으로 고려되어야 한다.

게임산업에서는 1인용 '단순 게임 → 대화형 게임 → 네트워크 게임 → 가상현실 게임' 등으로 발전되고 있어 역시 첨단 기술의 적용이 확대되고 있다. 단순 PC 패키지 상품에서 온라인 게임으로의 확대와 가상현실을 활용한 체감형 게임의 개발이 진행되고 있으며, 인터넷 기술 발전에 따른 넷 게임이 활성화되는 추세이다.

결국 우리 문화산업의 주요 과제는 디지털 네트워크화에 따른 전문 숙련인력 확보와 국가 문화예술 및 콘텐츠산업의 창작 기획력 제고를 통한 경쟁력 확보이다. 이러한 현실을 직시하고 대처해 나가는 것이 가장 시급한 문제이며 향후의 발전 양상은 디지털 문화의 하드웨어(H / W)와 소프트웨어(S / W)의 발전 속도에 따라 가늠하기가 어려울 정도의 급속적인 성장을 보일 것이다.

21세기는 다중매체, 디지털의 시대이며 컨버전스(Convergence)의 시대이다. 디지털 위성방송의 실시 및 고품질 HD-TV의 보급 등으로 고품질 콘텐츠의 수요는 폭발적으로 증가하고 있으나, 이를 채울 콘텐츠는 절대적으로 부족한 상황이다.

바이 디지털(by Digital)이란 용어로 대변되는 현대 매체환경과 문화산업 전반에 대한 인프라의 구축 및 확장은 국가 간 문화 및 산업 경계를 더욱 약화시켜, 마침내 세계를 하나의 시장으로 통합시켜 가고 있다. 특히, 매체 연계 및 다중산업 연계, 즉 ONE-SOURCE, MULTI-USE라는 문화콘텐츠의 다중 유통방식은, 예컨대 만화나 애니메이션 같은 분야의 문화콘텐츠산업으로서의 가능성을 더욱 높여주고 있다. 만화와 애니메이션의 장르 수용 형태이다. 형식 자체로서의 만화는 스토리와 이미지가 평면에서 시간과 공간을 설정하는 방식이며 애니메이션은 영화와 같이 사운드(소리, 음악), 스토리텔링, 뉴미디어, 드로잉(작화) 등이 효율적으로 통합되어 완결되는 복합 예술의 전형이다. 영화의 기법을 지니면서도 '그리기'와 '만들기'에 의존한다. 생략, 과장된 비사실적인 이미지는 관습의 벽을 넘어 범인류적으로 메시지화할 수 있다. 그러므로 인종, 정치, 종교 관습이 다른 세계를 향하여 발전하는 각종 뉴미디어에 그대로 적용할 수 있는 디지털 네트워크 시대에 부합하는 상품이다.

문화콘텐츠산업은 기존의 산업구조에서 탈피, 사이버 미술관, 음악회, 각종 문화 강좌 등 사회 전반에 걸쳐 다양하게 활용될 것이다. 문화콘텐츠산업이라고 부르는 이 흐름이 기존 문화예술과 조심스런 대화와 접근을 시작해야 하는 시점인 것은 분명하다(한국문화예술진흥원, 2002).

예술의 어원이 원래 기술이란 뜻에서 태동되었다고 한다. 현대에 와서 이것을 재확신시키

는 듯, 테크놀로지에 의해 그 표현양식과 형태가 바뀌고 있고, 앞으로도 바이 디지털이란 코드가 어떻게 변화하느냐에 따라 문화콘텐츠산업의 트렌드도 새롭게 형성될 것으로 보인다.

(5) 지역발전과 문화산업

급성장하고 있는 문화산업은 최고의 성장산업으로서 국가뿐 아니라 지역경쟁력에도 중요한 영향을 미칠 수 있는데, 지역발전에 있어서 문화콘텐츠산업이 주목받는 이유는 다음과 같다.

첫째, 문화콘텐츠산업은 고성장, 고부가가치 산업이기 때문이다. 문화콘텐츠산업은 지식과 아이디어 집약산업으로서, 거대한 자본이나 생산설비 없이도 다양한 창구효과를 통해 부가가치를 창출할 수 있다(한국지방행정연구원, 2000). 따라서 국가경제는 물론 지역경제에서도 문화콘텐츠산업의 역할이 확대될 것이며, 지역경제 성장을 주도할 산업이 될 것으로 예측된다.

둘째, 문화콘텐츠산업은 지역 내의 관련 산업들에 연관효과 및 외부효과를 제공하기 때문이다. 즉, 특정 지역에서 문화콘텐츠산업이 활성화될 경우, 그 지역의 관련 산업 분야 뿐 아니라 여타 기업의 경쟁력도 제고시키고 지역 내 투자와 소비를 촉진하여 지역발전에 크게 기여할 수 있다.

셋째, 문화콘텐츠산업은 지역의 주요 기반산업, 즉 지역 외부로의 수출산업이 될 수 있기 때문이다. 기존의 문화산업은 일종의 서비스업으로, 소수의 관광객 수요를 제외하면 그 지역의 주민들을 주된 소비층으로 하는 비기반 산업으로 인식되어 왔다. 그러나 현대에 와서는 문화상품이 테이프나 필름과 같은 구체적인 물질 형태를 갖추어 범세계적으로 빠르게 유통된다는 점에서 서비스업이라기보다는 제조업이나 정보산업에 더 가깝다고 할 수 있다. 그 대표적인 예로, 미국 할리우드의 영화산업은 로스앤젤레스 지역의 주요 기반산업으로서, 영화필름을 복제하여 배급함으로써 급격한 속도로 전 세계의 시장을 장악해가고 있다(한국지방행정연구원, 2000).

넷째, 문화콘텐츠산업은 여타 산업에 비하여 창업 등 고용창출효과가 높고 지역 활성화에 기여할 수 있기 때문이다. 문화콘텐츠산업의 산업적 성격상 개인의 창조력과 지식을 기반으로 하기 때문에 다수의 전문 인력을 활용할 수 있다. 또한 문화콘텐츠산업은 근로자들이 단순 반복적으로 기능을 소비하는 것이 아니라 능력의 지속적인 연마를 필요로 하기 때문에 높은 학습효과도 지니고 있다.

이처럼 문화콘텐츠산업은 전문 인력의 고용창출효과가 높고 여타 산업에 대한 파급효과가 높기 때문에 도시 재개발과 지역 활성화의 효과적인 전략이 되고 있는데, 영국의 쉐필드(Sheffield)시의 황폐화된 공업지역에 개발된 "문화산업지구"와 버밍검, 리버풀, 맨체스터 등의 도심에 설립되어 있는, "미디어 지역"들과, 미국 뉴욕의 "실리콘 밸리" 등이 그 전형적인 예이다(문화산업의 발전방안, 2000).

다섯째, 지역의 정체성과 이미지를 제고시키고 지역 활성화의 원동력으로 작용할 수 있기 때문이다. 지역의 정체성은 문화콘텐츠산업 육성에 기여하는 한편, 역으로 문화콘텐츠산업이 활성화될 경우 그 지역의 이미지와 정체성 또한 높아지기 때문에, 지역정체성과 문화콘텐츠산업 간에는 서로 상승효과를 기대할 수 있으며, 결국 그 지역의 발전에도 기여하게 된다.

　여섯째, 지역 주민들의 삶의 질을 향상시키고 공동체 의식을 제고시킬 수 있기 때문이다. 한 지역의 문화 활동과 문화산업의 발전은 경제적 차원을 넘어 그 지역에 거주하는 주민들의 문화적 수요를 충족시켜 주며 문화적 자긍심 제고와 정서함양에 도움을 줄 수 있다(문화산업의 발전방안, 2000).

3. 문화산업의 성장조건과 육성사례

(1) 문화산업의 성장조건

문화산업은 창작에 의해 만들어진 문화, 예술 작품을 기반으로 하는 산업으로서 인류의 무형적 생산물 전반을 지칭(삼성경제연구소, 2002)하는 것이다.

본 연구에서의 문화콘텐츠란 특히 디지털 문화콘텐츠를 의미하는데 이는 문화산업 중 콘텐츠원형이나 콘텐츠작품에 엔터테인먼트의 성격을 추가하여 디지털 멀티미디어 콘텐츠 상품을 생산, 유통, 소비하는 산업이라고 정의될 수 있다.

이러한 문화산업이 성장하기 위해서는, 토지와 노동력을 필요로 하는 기존의 제조업과는 달리 그 지역의 문화적 분위기와 그 안에 공존하는 인간의 창의력이 필요하다. 문화콘텐츠산업의 성장을 위한 조건들을 보다 구체적으로 열거하면 다음과 같다.

❶ 문화적 마인드

문화적 마인드란 문화콘텐츠산업을 육성시키려는 해당 도시의 전체적 문화지향성이라고 할 수 있다. 인류의 문화 자체는 상대적인 것으로서 서로간에 우열을 가르지 못하지만, 주민들이 자신들의 문화에 대해 애정과 자부심을 가지고 창작과 향수에 참여하려는 성향에는 지역별로 차이가 있다고 할 수 있다.

이러한 문화적 마인드는 문화콘텐츠산업 발전을 위한 토양의 역할을 하게 되므로 문화콘텐츠산업을 발전시키고자 하는 도시는 그 도시 전반의 문화적 마인드 수준을 파악해야 할 뿐 아니라, 문화콘텐츠산업에 대한 충분한 이해를 바탕으로, 첫째, 문화적 마인드 향상을 위한 거시적 접근과 함께 둘째, 현 수준에 맞는 문화콘텐츠산업 육성방안을 마련할 필요가 있다.

❷ 전문인력

문화콘텐츠산업 육성을 위해서는 양질의 전문 인력이 충분히 확보되어야 한다. 문화콘텐츠산업은 전적으로 인력에 의한 개인의 역량이 어느 산업보다 큰 비중을 차지하는 산업이기 때문에 문화콘텐츠산업에서 활동할 인력은 고도의 전문성을 갖추고 있어야 한다. 문화콘텐츠 인력에게 구체적으로 어떠한 역량이 필요한가에 대해서는 아직 밝혀지지 않았지만, 일반적으로 문화산업에 대한 충분한 이해력, 높은 창의력 및 관련 분야의 풍부한 경력 등이 필요할 것으로 보인다.

향후 좀더 구체적인 자격요건이 파악된다면, 그러한 전문인력의 양성을 위해 정규 교육기관과 비정규 교육기관이 상호협력하는 방안을 마련할 수 있을 것이다.

❸ 문화소비자의 확보

문화산업의 특성을 고려할 때, 문화콘텐츠산업의 소비자를 확보하는 중요한 방안은 글로벌 마케팅 전략이다. 근래 들어 문화콘텐츠의 제작비용이 막대하게 소요되고 있지만, 킬러 콘텐츠 하나가 상상을 초월하는 막대한 부가가치를 양산할 수 있기 때문에 무국적의 글로벌 경쟁력을 가진 콘텐츠가 소비자를 확보하는 데 크게 기여하게 된다. 그러나 세계를 무대로 소비자를 확보할 수 있는 양질의 문화콘텐츠를 생산한다는 것은 결코 쉬운 일이 아니며 이를 위해서는 교육, 문화, 사회 등 모든 면에서 소비자를 염두에 둔 타깃 마케팅 전략과 기획이 매우 중요할 것이다.

그러나 이러한 경쟁력 있는 콘텐츠의 제작이 하루아침에 만들어 질 수 없는 것이다. 우리나라 각 지역의 영상미디어센터들의 목표를 보면 하나같이 세계시장을 선도할 문화콘텐츠 제작단지로 성장하겠다는 원대한 꿈을 목표로 추진하고 있다. 그러나 지역에서 각광받을 수 있는 콘텐츠조차 제작이 불가능한 상황에서 세계무대라는 것은 꿈같은 이야기일 것이다. 따라서 현실적이고 단계적인 계획을 수립하여, 우선 지역과 국내에서 경쟁력 있는 콘텐츠를 생산할 기획력과 제작능력을 갖추면서 점차 세계시장을 겨냥하는 마인드로 출발해야 할 것이다.

문화소비자의 확보로 기대되는 이점은 다음과 같다.

첫째, 생산된 문화콘텐츠의 소비자가 많을수록 산업의 채산성이 높아진다. 따라서 단순히 국가 지원금에 의존하지 않고 실제로 수익성을 확보하기 위해 문화소비자를 확보하는 구체적인 대안을 준비해야 한다.

둘째, 해당 도시에 문화소비자가 많을수록 문화콘텐츠산업 자체의 경쟁력이 강화된다. 이는 문화콘텐츠 전문 인력이 소비자의 행태를 직접 파악하고 새로운 상품에 대한 아이디어를 창출할 수 있기 때문이다.

문화소비자를 확보하는 방안은 여러 가지가 있으나, 기본적으로 해당도시의 문화적 마인드 수준을 높이는 것이 필요하고, 발달된 고속도로 등을 통해 인접 지역으로부터 문화적 소비자를 확보해 가며, 궁극적으로는 앞서 언급한 대로 세계적으로 각광받는 문화콘텐츠 제작을 목표로 추진하는 것이 필요하다.

또한, 인터넷과 방송매체 등을 통한 국내외적 관심을 제고시키는 것도 한 방법이며, 기존 아날로그 문화콘텐츠산업을 적절히 활용해서 잠재적 문화소비자를 확대해 가는 것도 방법이 될 수 있을 것이다.

❹ 관련 산업의 집적

문화콘텐츠산업은 기획, 제작, 유통 등이 모두 유기적으로 협력해야 하는 복합적 성격을 가지고 있기 때문에 관련 산업의 집적화를 필요로 한다. 예를 들어 CT 장비의 공동 사용체제를 구축하고 문화유산의 원형과 각종 멀티미디어 자료들을 공동으로 보관하여 활용함으로써 제작비의 절감과 유통의 효율화 등으로 많은 시너지 효과를 낼 수 있다.

집적지의 구축이라는 의미는 한편으로 문화콘텐츠산업을 지원할 도시의 형성을 의미하는 것으로, Lash와 Urray는 이를 위해 필요한 7가지 요인을 제시하고 있는데, 자신의 아비투스를 도시에 강제할 수 있는 지역주민의 사회적 구성, 이동패턴과 거주자들의 기획력, 한 장소의 현재적 이미지와 잠재적 이미지, 기존 활용 가능한 환경, 상이한 사회집단들의 심미적 관심, 지역의 기업가 정신, 지방 정부의 주도면밀한 기획 등이 그것이다.

그런데, 문화콘텐츠산업을 집적화하기 위해서는 우선적으로 두 가지 과제를 해결해야 한다. 우선, 해당 도시민들 및 이해당사자들과 비공식적 관계를 통해 정서적 지원을 확보해야 한다. 즉, 해당 도시민도 동의하지 않고 가치 있다고 보지도 않으며 즐기지 않은 분위기 속에서 문화콘텐츠 상품을 아무리 개발해도 그것은 일회성 선전에 그칠 우려가 있다.

또 하나는 지방자치단체나 국가의 체계적 지원을 확보하는 것이다. 문화콘텐츠산업의 발전을 위해 국가적 차원의 산업으로서의 지원정책, 인근 지역과의 교류를 위한 인프라구축, 문화콘텐츠의 제작에서 최종 소비까지 이르는 전 과정에서의 안내 등을 해당 도시에만 일임해서는 커다란 성과를 얻기 어렵다. 성패의 관건은 지방자치단체에서 도시 내 문화콘텐츠산업의 내적 조건과 외부의 국가적 지원 등을 연결하여 해당 도시를 문화도시로 발전시킬 의지, 계획, 능력이 있는가에 있다.

❺ 필요 재원의 확보

일반적으로 문화콘텐츠산업은 초기 소호(SOHO) 단계에서는 자금이 많이 필요하지 않을 수 있으나, 그것을 한 도시의 대표 산업으로 발전시키려 할 때는 창작, 제작, 홍보, 유통, 소비의 전 영역에 걸쳐서 많은 자금을 필요로 한다. 따라서 해당 도시에서는 국가지원과 지방자치단체의 예산, 그리고 민간 투자의 확대 등을 통해서 도시 내 문화콘텐츠 업체들이 자금을 확보할 수 있도록 지원해야 한다.

미국의 할리우드 영화산업의 역사만 봐도 알 수 있듯이, 문화산업은 단기적인 산업이 아니기 때문에 장기적인 안목과 계획을 가지고 점차적으로 성공시키겠다는 의지로 투자하려는 자세가 무엇보다도 필요하다. 이를 위해서는 물론 장기투자를 위한 재원확보 또한 뒷받침되어야 한다.

그런데, 우리나라의 지방정부에서 실시한 문화콘텐츠 육성사례들을 분석해보면, 대부분 5년 정도의 기간을 계획하여 추진한 것을 볼 수 있으며, 하나같이 미흡한 결과를 남기고 있는 점을 간과해서는 안 될 것이다.

❻ 추진 주체의 적극성

문화콘텐츠산업을 육성시키기 위해서는 그 중추 역할을 담당할 추진 주체를 구성하는 일이 무엇보다 중요하다. 추진 주체는 산, 학, 관의 입장이 조화되어야 하며 실제로 운영을 담당할 전문운영자가 필수적이다.

또한, 추진 주체는 문화콘텐츠산업 발전을 위한 마스터플랜과 함께 법적, 제도적, 세제지원, 그리고 연구와 개발에 대한 지원, 인력 양성에 대한 현황 파악과 대안 마련 등을 종합적으로 추진해야 한다.

❼ 지역여건

문화산업을 견인할 수 있는 지역여건으로는 전문인력과 기초 소비자의 확보, 지역의 문화적 마인드, 추진주체의 전문성, 예산확보의 용이성 등을 들 수 있다. 이중 전문인력의 확보, 지역의 문화마인드, 예산확보 등은 후천적으로 확보할 수 있으나, 지역의 제작여건 즉, 지형적 조건, 관광자원과 연계될 수 있는 경관 등은 후천적으로 만들 수 있는 조건이 절대 아니다.

충청남도는 아래 그림에서 볼 수 있듯이, 바다, 그리고 도로망 등에서 타 지역과 차별화될 수 있는 천혜의 조건을 가지고 있다. 그러나 이러한 천혜의 조건들을 활용하지 못하고 방치하고 있어 개발할 충분한 가능성을 가지고 있다. 이러한 지역의 여건을 최대로 활용할 수 있는 제도적 장치 및 개발전략 등의 수립을 통해 지역 문화콘텐츠산업 발전에 활용하여야 할 것이다.

그림 5 서해안 갯벌과 개심사 전경

그림 6 개심사 입구와 해미읍성 전경

그림 7 안면도 바닷가 전경

그림 8 신두리 해수욕장 및 서해안 갈대

※ 신두리 사구는 우리나라 유일의 사막지구로 그 활용가치가 매우 높다.

(2) 문화산업의 육성과 지역의 과제

❶ 선택과 집중

우리나라의 지방자치단체 및 중앙정부는 선택과 집중을 통해 지역산업을 특화시킬 수 있다는 전략으로 각종 사업들을 추진하고 있다. 문화콘텐츠산업에 있어서도 같은 논리로 선택과 집중만이 지역산업을 특화시킬 수 있다고 주장하고 있으며, 이에 따라 지방자치단체들도 이 기준에 맞추기 위해 특화분야 선정을 지상과제처럼 인식하고 추진해 왔다.

그러나 문화산업은 복합산업이면서 연계산업이다. 그리고 21세기 디지털 시대로 변화되면서 융합(conversion)이 화두가 되었으며, 대표적으로 디지털 콘텐츠산업에 적용되면서 통신과 문화산업의 결합 없이 산업을 이야기할 수 없게 되었다.

이러한 시대의 흐름에 편승하는 것은 산업을 발전시킬 수 있는 기본이 되는 것임에도 불구하고 선택과 집중만을 고집하는 것은 문화콘텐츠산업과 기술의 변화 흐름을 제대로 간파하지 못하는 것이다. 지역의 문화콘텐츠산업 육성방향이 이렇게 타 산업과 획일화된 개념으로 출발하여 많은 실패를 겪은 사례를 보면서도 우리는 아직도 선택과 집중만이 문화콘텐츠산업을 육성·발전시킬 수 있다고 믿고 있는 것 같아 안타까울 따름이다.

예를 들어 설명하면, 애니메이션은 산업적으로 여러 분야에서 활용될 수 있다. 산업 현장에서는 이미 이러한 것들이 상품화되었으며, 사업자도 다양한 상품개발에 주력함으로써 애니메이션 회사를 표방했던 여러 기업들이 게임이나, 캐릭터, 그리고 영화, 방송까지 모든 분야에서 독자적으로 혹은 협력관계를 유지하면서 사업화에 박차를 가하고 있다는 것을 간과해서는 안 될 것이다.

또 문화콘텐츠를 제작할 수 있는 장비 역시 디지털화되면서 거의 대부분의 장비가 이미 통합되었으며, 산업 현장에서 통합된 형태로 운영되고 있다. 따라서 이제는 선택과 집중을 요구할 것이 아니라, 기술적으로 분류할 수 있는 방안 등이 적극 검토되어야 할 것이다. 이를테면, 3D 그래픽, 2D 그래픽, 합성, 촬영, 편집, 사운드 제작 등과 같이 제작 기술적으로 분류하고 이를 통합적으로 조화롭게 진행할 수 있는 프로듀싱이 관련 산업을 발전시킬 수 있는 시대가 도래되었다는 것을 정확히 인식하고 이에 따른 계획을 수립해야 한다.

문화콘텐츠산업을 정통부의 디지털콘텐츠 분류기준을 원용하여 나누어 보면 크게 제작, 서비스지원, 그리고 유통으로 나눌 수 있는데, 특히 제작 분야는 디지털 교육, 디지털 경제, 디지털 의료, 디지털 생활, 디지털 공공, 디지털 연구학술정보, 디지털 게임, e-book, 디지털 간행물, 디지털 영상, 디지털 음악, 디지털 성인 등으로 나눌 수 있다.

하나의 도시가 문화콘텐츠산업을 발전시키기 위해서는 제작, 서비스지원, 그리고 유통의 세 영역을 유기적으로 발전시켜야 하지만, 앞에서 설명한 바와 같이 이를 기술적으로 선택하는 것은 고려의 대상이 될 수 있으나, 장르별로 또는 정통부의 분류기준으로만 선택과 집중을 논하는 것은 시대의 흐름에 역행하는 것이다.

❷ 도시 시민의 문화역량 향상

문화콘텐츠산업은 인간의 정서와 이해의 문제를 다루기 때문에 그 지역의 문화적 토양을 기반으로 해야만 성공할 수 있다. 따라서 문화콘텐츠산업을 발전시키기 위해서는 해당 도시의 문화적 역량을 강화시키는 노력을 병행해야 한다.

이러한 문화적 역량은 생산과 소비의 관점에서 개념화될 수 있는데 생산이란 창작을 중심으로 한 문화작품을 공급하는 측면이고 소비란 문화작품을 통해 도시민에게 향수의 기회를 제공하는 것이다. 이러한 생산과 소비는 떼어질 수 있는 것은 아니며 서로가 서로의 발전을 위한 선순환의 관계에 있을 때 해당 도시의 문화적 발전이 보장될 수 있다.

문화상품의 생산과 소비의 조화를 이룬 도시는 문화적 역량이라는 측면에서 첫째, 해당 도시민의 문화적 삶의 질을 향상시킬 수 있게 되고 둘째, 국가적 차원의 자랑거리로서 문화도시의 면모를 제시할 수 있으며 셋째, 나아가 문화의 세계화라는 흐름 속에서 전 세계인이 주목하고 접해보고 싶은 동기를 제공하게 된다.

위의 세 가지 측면의 역량은 모두 문화콘텐츠산업의 발전을 위한 문화콘텐츠 상품개발의 방향을 시사하고 있으며, 여기에 덧붙여 한 도시에 전통으로서 내려오는 문화유산도 또하나의 역량으로 추가할 수 있다. 즉, 한 도시에 전통적으로 내려오는 문화유산이 풍부할 때는 그 자체를 가공하여 현대에 적합한 새로운 문화콘텐츠상품으로 발전시킬 가능성이 크다.

현재 충남의 경우 국가적 자랑거리나 국외적 지명도를 갖춘 전통문화가 있다는 점에서는 문화콘텐츠산업 발전을 위한 역량을 어느 정도 갖추고 있으나, 도시민 스스로의 자기 문화 생산과 소비가 부족하다는 점은 장기적인 관점에서 반드시 점검되어야 한다.

❸ 산·학·관·민 공동 협력체제 구축

하나의 도시를 문화콘텐츠산업의 중심으로 발전시키기 위해서 도시민 전체의 비공식적 사회관계를 통한 정서적 지원을 획득하는 것이 필수적이다. 그러므로 문화콘텐츠산업을 체계적으로 지원할 수 있는 중심센터를 설립하여 공식적인 활동을 시작하면서 도시 내의 이해집단 간의 충돌을 완화할 수 있는 친밀한 유대감, 공유감 형성을 시도해야 한다. 이러한 작업은 이해 집단의 자발적 참여를 유도하면서 전체적인 큰 틀이 손상되지 않도록 해야 하므로 고도의 전문적인 역량을 필요로 한다. 영국의 쉐필드는 이러한 방향으로 문화산업의 발전을 성공시킨 대표적인 사례라 할 수 있다.

❹ 집적지의 구축

지방 도시에서 집적지의 구축이 어렵다는 현실을 직시할 필요가 있지만, 장기적으로 집적지를 구축해야 한다는 것에 대한 공감대가 반드시 형성되어야 한다. 한 도시를 문화콘텐츠산업의 집적지로 발전시키기 위해서는 그 도시의 지역적, 문화적, 경제적, 사회적인 제 측면을 면밀히 조사해야 한다.

집적지 구축에서 핵심이 되는 것은 우수한 인력을 어떻게 유입할 것인가와 필요한 인프라를 어떻게, 어떠한 방식으로 확보할 것인가이며, 더 나아가 문화콘텐츠 제작 단계에서의 정보획득과 생산된 문화콘텐츠상품의 마케팅을 어떻게 할 것인가에 대한 것도 고려해야 한다.

이들 네 가지 사항에 대한 체계적 조사와 준비를 거쳐서 집적지 마스터플랜이 준비되면 적극적으로 국가의 지원을 요청하여 안정적으로 예산확보를 해야 한다.

❺ 전문인력의 확보와 양성

문화콘텐츠산업 발전을 위해 우수 인력의 확보는 아무리 강조해도 지나치지 않다. 이러한 인력의 확보 방법은 인력의 유입과 양성으로 나누어 볼 수 있는데, 우선 인력의 유입이란 타 지역의 인력에 대한 동기를 제공하여 해당 도시로 끌어들이는 방법이다.

그 다음으로는 해당 도시에서 필요한 인력을 자체적으로 양성하는 방법인데, 크게 정규기관과 비정규기관을 통한 방법이 있다. 비정규기관이란 학원 등을 통한 실무 위주의 교육기관을 의미하는 것이며 문하생제도도 여기에 포함될 수 있다. 정규기관이란 국가 교육인적자원부 등의 인증을 거친 공교육기관을 의미하는데, 체계화된 교육과정을 통해 학위를 수여하여 인력을 양성하며 학사과정, 특수대학원 과정, 일반대학원 과정으로 나누어질 수 있다.

문화콘텐츠 인력 확보를 위해서는 해당 지역에서 정규기관을 통해 학위를 전제로 체계적 교육을 실시해야 하지만 법과 제도의 변화가 선행되어야 하므로 우선 기존의 정규기관 및 비정규기관들이 협조하여 문화콘텐츠 관련 전문교육을 운용하다가 점차 정규기관에서 전적으로 운용하는 방향으로 전개할 필요가 있을 것이다.

위에서 언급한 것과 같이 지역 문화콘텐츠산업 활성화 방안으로서 전문인력 양성과 외부 유입을 통한 확보의 두 가지 방안을 제시할 수 있다. 이중 외부 유입을 통해 전문인력을 확보하고 기업에 공급하는 방안은 임시적인 방안은 될 수 있으나 지역기업으로 정착시킨다는 차원에서는 한계를 가지고 있다.

문화콘텐츠산업의 특성상 지역에는 전문화되고 역량 있는 기업이 자리를 내리고 있지 못하고 있으며, 이러한 기업을 유치시키고 종사 인력도 유입을 통해 수급한다면 진정한 의미에서 지역기업이라 할 수 없으며, 지역의 지원정책이 끝날 경우에는 언제든지 유입인력을 인솔하여 지역을 떠날 수 있다는 사실을 간과해서는 안 될 것이다. 따라서 처음에는 상당히 부담스럽고 정착하기 어려울 수는 있으나, 두 번째 방법과 같이 지역에서 역량 있고 능력 있는 인력을 양성하는 방안이 지역기업으로 정착시킬 수 있는 또 하나의 안전장치가 될 수 있다.

이런 면에서 지역의 영상미디어센터와 같은 지원기관에서 안정적인 전문 기술인력을 공급할 수 있는 시스템을 구축하는 것이 지역 문화콘텐츠산업 발전에 크게 기여하게 될 것이다.

(3) 문화산업의 육성사례

❶ 부천시 사례

부천시의 경우는 시사점을 줄 수 있는 몇 가지 특징이 있는데, 이러한 부천시의 사례를 고려하면서 문화콘텐츠산업 발전의 조건 및 육성전략이라는 측면에서 분석해보면 다음과 같다.

① 클러스터의 발달 현황

부천시의 경우 주목할 점은 문화산업의 다양한 분야들이 서로 모여서 하나의 클러스터(문화산업지구)를 형성했다는 점이다. 이는 김포시가 캐릭터산업을 중심으로 문화산업을 시작한 것과는 달리 문화산업의 저변이 도시 내에 보다 탄탄할 수 있음을 시사하는 것이다. 즉, 현재 부천시의 사례를 분석함으로써 클러스터 형성과정의 유의점을 파악해 볼 수 있다.

우선, 클러스터 현황을 살펴보면 부천시에는 문화산업 관련 업체와 시설들이 크게 4개 지역에 집적되어 있는데 이들 4개 지역을 모두 모아 하나의 문화산업 클러스터로 개념화할 수 있다(SERIZINE, 2002). 이러한 클러스터의 시작이 언제부터인지 공식 기록은 찾을 수 없으나, 부천시 문화산업의 시초가 되었다고 할 수 있는 것은 1998년 '시민과 함께 만드는 21세기 문화도시 부천'이라는 부천시의 시정목표였다고 할 수 있는데 그 이후 오늘날과 같은 문화산업 클러스터 형성의 토대가 되는 문화산업육성의 기반을 타 지역보다 먼저 마련하기 시작하였다고 할 수 있다.

예를 들어 부천시는 '부천 필하모니오케스트라', '부천 국제판타스틱영화제', '부천국제대학 애니메이션 페스티벌', '부천만화정보센터', '복사골예술제' 등 문화사업을 추진하고 있었으나 그것이 문화산업 발전으로까지 이어지지는 못했다. 이러한 상황에서 클러스터 형성을 위한 하나의 계기가 된 것이 2000년 6월 경기도 문화산업 육성의 핵심사업인 Digital Art Hive를 설립한 것이라 할 수 있다.

표 6 DAH의 입주기업 현황

회사명	종업원 수	사업분야
인디펜던스	41	3D애니메이션
레이버스 스튜디오	11	3D애니메이션
제로원픽쳐스	20	3D애니메이션
마고21	35	2D애니메이션
드림픽쳐스21	43	3D애니메이션
블루라인	22	3D애니메이션
나노엔터테인먼트	5	애니메이션 캐릭터
디지털오디	20	3D애니메이션
이현세 엔터테인먼트	10	3D애니메이션, 만화출판
디지털싸이버	14	만화출판
엔투플레이	25	게 임

DAH라고 약칭되기도 하는 Digital Art Hive의 설립 목적은 문화산업의 효율적인 투자 및 지원을 통해 문화사업과의 시너지효과를 극대화하기 위한 것이며, 나아가 경쟁력 있는 문화콘텐츠를 제작하고 공급하는 기반을 조성하기 위한 것이다. 2002년 3월까지 총 183억 원이 출연되었으며, 향후 40억 원이 더 투자될 계획이다.

두 번째 단지는 부천만화정보센터를 중심으로 출판만화 단지이다. 예를 들어, 만화벤처빌딩에는 One Source-Multi Use의 실현을 위해 부천시가 직접 출자한 부천만화주식회사(PCN)가 입주해 있으며, 또한 여러 입주 기업들은 만화정보센터와 만화종합박물관 등의 인프라를 통해 다양한 정보를 입수하여 문화콘텐츠 생산에 활용하고 있다.

특히, 만화종합박물관은 일반인들이 만화에 대해 쉽게 이해하고 접근할 수 있도록 만화 역사, 출판제작과정, 작가 등을 소개하고 만화가와 독자와의 만남의 장을 마련하고 있다고 한다. 또한 만화정보센터에서는 벤처창업을 지원하여 국내외 마케팅을 지원하고 있다.

세 번째 단지는 '만화의 거리', '왈순아지매 거리' 등이 있는 부천역 지역의 소비 시설 집적지이다. 이러한 집중 단지는 문화콘텐츠산업에서 매우 중요한데 그 이유는 앞에서 논의했던 문화콘텐츠산업 성장 조건 중의 하나인 문화 소비자의 확보를 의미하기 때문이다.

네 번째 단지는 앞으로 보다 성장할 인천 인접지역에 조성 중에 있는 영상문화단지이다. 한편 부천의 문화콘텐츠산업 클러스터로의 발전을 위해 중요한 일 중의 하나가 2001년 5월에 문화관광부로부터 송내역 일대 6만 2천 평을 문화산업 단지로 지정받은 것이다. 이는 부천시가 문화콘텐츠산업의 클러스터로 발전하기에 필요한 정부로부터의 체계적 지원을 확보한 의미 있는 실적이라 할 수 있는데 이를 촉진제로 하여 앞으로 클러스터의 요소들을 하나씩 확보해갈 것으로 예측할 수 있다.

표 7 벤처창업보육센터 내 입주기업 현황

회사명	종업원 수	사업분야
부천카툰네트워크(PCN)	6	출판만화종합기획
헥토존	5	캐릭터
알지애니메이션스튜디오	13	애니메이션
(주)잉카엔지	3	캐릭터설계
(주)아이엔피	7	캐릭터
A&C 디자인연구소(주)	7	캐릭터, 문화상품
패인 일하는 사람들	5	캐릭터, 만화기획
(주)포켓미디어	7	모바일만화, 캐릭터
스토리코리아	5	만화시나리오
아름다운디자인	4	캐릭터머천다이징
토탈마케팅	7	플레시애니메이션, 캐릭터
위저드	2	만화만들기 소프트웨어
더나은	3	캐릭터, 클레이애니메이션

② 부천시 문화콘텐츠 클러스터 발전을 위한 조건 분석

⑴ 문화적 마인드

부천시의 사례에서 시사받을 점은, 문화콘텐츠산업의 발전을 지향하면서 도시 내의 문화현상에 주목했다는 점이다. 부천시는 문화산업이라는 경제논리로부터 시작하는 것이 아니라 이미 1998년에 '시민과 함께 만드는 21세기 문화도시 부천'이라는 시정목표를 설정하였다. 이는 비록 그 자체가 문화산업을 의도한 것은 아니었을지라도 시민들에게 문화생활의 중요성과 그 가치를 인식시키고 궁극적으로 시민들에게 문화적 마인드를 고양시켜서 각자의 삶의 질

향상을 지향했다는 커다란 의미를 지닌다.

그러므로 지방 도시에서 문화콘텐츠산업의 활성화를 추구하는 충청남도의 경우도 영상미디어센터가 들어서고 있는 천안시를 중심으로, 인근의 아산시와 더불어 시민들의 문화적 마인드 확산을 위한 시정 노력이 병행되어야 함을 시사한다.

부천시의 경우 서울이라는 대도시 인근에 있음에도 불구하고 부천시 자체의 문화적 분위기 향상에 노력했다는 사실은 충청남도에 시사하는 바가 크며, 특히 전통문화를 바탕으로 문화콘텐츠산업을 발전시키기 위해서는 현재 충청남도 도민들이 자신의 전통문화를 이해하고 향유하는 문화적 마인드 수준을 가져야 함을 의미한다. 여기서 새삼 되새겨볼 문구는 "문화산업이란 한 국가 또는 지역의 문화와 정서를 산업화한 것"이라는 점이다.

② 전문인력

부천시의 경우, 인접한 서울에 전문인력 양성을 위한 정규, 비정규 교육기관이 집중되어 있으며 많은 기업들이 집중되어 있어, 부천시는 상대적으로 전문인력 확보가 문제점이 될 수 없을 것이다. 하지만 부천시도 이제부터는 도시 내 클러스터에서 활동할 전문인력 확보와 양성을 위한 계획이 필요할 것이며, 이는 타 지방자치단체들도 예외가 아닐 것이다. 예를 들어, 부천시에서 추진하고 있는 '부천예술종합고등학교' 설립, '만화영상 관련 특수대학 부천분원' 설립, 만화영상 창업보육을 위한 교육프로그램 개설, 문화산업 관련 대학 벤처 동아리 지원 등의 계획을 면밀히 검토하여 충청남도에 적합한 전문인력 양성 프로그램을 준비해야 할 것이다.

③ 문화소비자의 확보

앞서 말한 바와 같이, 부천시는 서울에 인접하고 있기 때문에 문화소비자 확보에 별 어려움이 없을 것으로 보인다. 그러나 주목할 점은, 부천시의 세 번째 단지와 관계있는 '만화의 거리', '왈순아지매 거리' 등은 부천시 내에서 자체적으로 문화소비자를 확보하는 좋은 시도로 여겨져 주목이 된다.

비록 규모는 작더라도 도시 내에서 문화의 생산과 소비가 공존할 수 있다는 것은 문화콘텐츠산업 발전을 위한 핵심 사항이기에, 충청남도의 경우에도 문화콘텐츠의 소비자 확보를 위한 각종 문화 이벤트 등을 시도할 필요가 있다.

참고로 부천시의 경우, 문화테마의 거리를 위해 2001년 약 10개월 동안 국비 6억 원을 투자하여 6개 구간을 조성하였는데 구체적인 사업 내용은 다음과 같다.

- 만화와 영화를 상징하는 대표적 메인조형물 설치
- PISAF 거리 조성(스포츠 광장, PISAF 광장, 상상의 거리, 조각의 거리 등)
- PIFAN 거리 조성(PIFAN 광장, 느티그늘 등)

또한 만화의 거리를 위해서는 2000년 10월에서 2001년 10월까지 1년 동안 상동 로데오 거리 및 부천 북부역 광장에 6억 5천만 원을 투자하였는데 이는 전액 시의 예산이었으며 구체적인 사업 내용은 다음과 같다(부천시, 송내 첨단문화단지 조성계획, 2001).

- 송내역 일원에 김수정 작가의 둘리를 형상화한 만화거리 조성
- 부천 북부역 앞에 이현세, 허영만, 김마정, 김진, 배금택, 김동화 등 국내 유명작가의 만화 광장 조성
- 메인조형물 설치, 공공시설물 만화벽화
- 건물 옥상, 가로등 중에 만화캐릭터 조형물 설치 등
- 보도 노면에 부천시 5대 문화사업 및 만화캐릭터 설치 등.

④ 관련산업의 집적

One Source-Multi Use라는 원칙에 비추어 볼 때 문화콘텐츠산업은 클러스터 구성업체들의 적합성과 전문성이 성공의 가늠자가 될 수 있다. 부천시의 경우 아직은 업체 수가 적고 기반도 구축이 미비하여 진정한 의미의 클러스터라기보다는 단순기업집단들이라는 한계점도 있으나 만화와 영상산업을 중심으로 송내 첨단문화산업 단지의 발전을 시도하면서 나아가 도시 자체에서 추진하고 있는 문화사업을 통한 문화마인드를 바탕으로 게임, 캐릭터 등 관련 산업의 클러스터 형성을 추진하고 있음을 주목할 필요가 있다.

앞으로 충청남도의 경우도 클러스터 형성을 위한 노력에 있어서 이렇게 거시적 안목과 미시적 안목이 조화를 이루어 필요 요소들을 단계적으로 확보 내지 실현해가려는 노력이 필요할 것이다.

⑤ 필요재원의 확보

부천시는 필요재원의 확보를 위해 그것이 지방자치단체 지원금이든 아니면 자체 자금이든 필요한 만큼 확보하는 역량을 갖추고 있었다고 할 수 있다. 예를 들어, DAH를 위해 2002년

3월까지 총 183억을 출연하였으며, 앞으로 40억 원 정도를 더 투자할 예정(SERIZINE., 2002)이라고 하니 문화콘텐츠산업 발전에 있어서 투자를 위한 재원의 필요성과 그 획득을 위한 노력을 실례로 잘 보여주고 있다.

⑥ 추진 주체의 적극성

부천시가 현재 문화산업 클러스터로서 발전하기 시작하는 준비를 이 정도 수준에서나마 할 수 있게 된 것은 역시 시 정부의 적극성에 근거한다고 할 수 있다. 물론, 모든 책임이 시에만 있는 것은 아니다. 문화콘텐츠산업의 비전을 제시할 수 있는 전문가와 전문인력 양성에 필요한 교육자, 그리고 필요한 재원 확보에 도움을 줄 수 있는 자금원, 그리고 이들을 모두 하나로 묶어서 조화를 이루고 강하게 추진해갈 수 있는 리더십의 중요성은 새삼 강조할 필요가 없을 것이다. 그것을 한마디로 추진주체의 적극성이라고 할 때 충청남도는 부천시의 몇몇 성공사례들의 과정을 참조하여 나름대로의 추진 주체를 구성해야 한다.

현재 부천시의 기본적 행정의 마인드는 기업경영가적 도시행정 마인드라고 할 수 있으며 구체적으로 다음과 같은 특징들을 지닌다(부천시, 송내 첨단문화단지 조성계획, 2001).

- 21세기 산업환경 변화에 대응해서 지식기반 경제로의 전환을 위해 범 시적인 역량 집중
- 연구거점 도시화, 벤처산업 인프라 및 사회적 협력기반 구축 등 두뇌지역화 지향
- 고부가가치 제조업 전환, 문화관광산업 육성, 지식산업 유치 등 산업구조 개편
- 세계화 네트워크의 구축과 지식근로자 육성
- 특히 첨단산업의 유치를 위해 민간 M&A 기업과 업무를 제휴하는 등 민간의 혁신적인 활력의 동원

⑦ 선택과 집중

부천시는 특정한 분야를 집중 육성하겠다는 기본 계획을 가지고 문화산업을 시작한 것으로 보인다. 실제로 초기에는 애니메이션, 만화출판, 캐릭터, 게임산업을 중심으로 한 클러스터로 시작하였으나, 근래에는 이들 분야뿐 아니라 방송, 영화산업에 이르기까지 거의 모든 영역을 추구하고 있는데, 이는 문화산업의 흐름을 정확히 파악하고 추진하고 있는 것으로 판단된다.

또한 애니메이션 전문인력 양성 기관인 부천 애니메이션 아카데미를 운영함으로서 전문인력을 자체적으로 공급할 수 있는 시스템까지 준비함으로써 지방자치단체에서 추진한 성공사례를 만들어 나가고 있다고 볼 수 있다.

그런데 부천시는 지리적으로 서울과 인접해 있고 문화에 대한 지역민의 참여도 면에서도 우리 충청남도와 다른 여건을 가지고 있기 때문에, 충청남도는 이러한 부천시의 성공사례를 참고하되 이러한 차이점도 함께 염두에 두면서 우리 지역에 적합한 발전전략을 수립해야 할 것이다.

❷ 영국 쉐필드 사례

문화콘텐츠산업 클러스터 발전에 있어 참조할 만한 국외 사례로는 영국의 쉐필드시를 들 수 있다. 쉐필드는 원래 제조업으로 발전하던 도시인데 주산업의 쇠퇴로 도시 자체가 퇴락해 가는 긴박한 상황에서 문화콘텐츠 클러스터로 변신하게 된 경우이다.

이처럼 쉐필드는 주산업의 쇠퇴가 도시의 몰락으로 이어진다는 긴박감을 전제로 했다는 점에서 충청남도의 상황과는 기본적인 차이가 있지만, 문화산업의 성공사례로서 여전히 주목할 필요가 있다.

① 클러스터 형성의 배경과 성장과정

쉐필드시는 영국 중북부 요크셔 지방에 위치한 중소도시로서 2차대전 이후에 철강 및 금속산업의 경기침체로 지역 경제 활성화 차원에서 시 정부의 주도로 문화산업을 전략적으로 육성하였다. 그 과정을 요약하면 다음과 같다(부천시, 송내 첨단문화단지 조성계획, 2001).

- 우선 1980년에 창립된 리드밀예술센터와 요크셔예술협회가 쉐필드시에 예술·문화적 자극을 주는 계기가 되었다. 이후 1986년 시정부가 리허설, 레코딩 등을 위한 복합시설인 레드테이프 스튜디오를 개국함으로써 본격적인 문화산업이 시작되었다.
- 1998년에 '문화 및 미디어, 첨단산업'이라는 신 경제 전략을 수립하여 문화산업지구(CIQ: Cultural Industries Quarter)를 지정하였다. 이때 시의 환경국과 패터노스터사는 문화산업작업센터(Workstation Cultural Business Workspace Center)를 공동으로 설립하는 등 선도적 역할을 하였다. 그리고 CIQ를 중심으로 문화산업 업체들 및 관련기관들이 요크셔아트스페이스, AVEC, 문화산업작업센터, 그리고 세필드과학공원 등 4개의 시설에 집적되었다. 이들 기업들은 주로 영화, 음악, 비쥬얼아트, 종합아트, 소프트웨어디자인, 공연, 멀티미디어 등에 주력하고 있는데 코머스 레코딩스튜디오, 세필드 인디펜던트영화사, 요크셔 영화위원회, 독립 TV위원회, 전국지방미디어협회, 요크셔 미디어프로덕션, 포스엔터테인먼트, 여성문화클럽 등이 집적되어 있으며 기타 IT기업, 디자인업체, 뉴미디어 벤처기업 등이 입주해 있다.

– 1990년에도 CIQ는 계속 성장하여 1995년에 쉐필드시 문화산업 분야 사업 업체 수는 약 150개, 일자리 수는 1,300~1,400개에 이르렀으며 2000년 현재 문화산업에 종사하고 있는 인력은 2,000여 명을 넘어섰다.

② 쉐필드 클러스터 발전의 조건 분석

① 문화적 마인드와 문화적 소비자

쉐필드시에는 1980년 이후 강력하고 활발한 공예산업 기반이 있었고 프린트 저널리즘과 지역 출판사업, 라디오, 스튜디오 등의 토대가 있었으며 더욱 중요한 것은 쉐필드 시정부가 1980년의 리드밀 예술센터와 요크셔 예술문화협회의 창립을 계기로 도시발전을 위한 예술문화 중요성을 인식하기 시작했다는 점이다. 그 후 추진된 것이 1986년의 레드테이프 스튜디오의 개국이라고 할 수 있으며 여기서 시의회가 시정부의 뜻에 공감하고 적극 지원했다는 사실에 주목할 필요가 있다.

한편 쉐필드는 생산과 제작측면에만 집중을 하는 것이 아니라 소비 부문에도 관심을 가지고 육성하고 있음을 주목할 필요가 있다. 즉, 이는 문화와 소비시설의 확충을 통해 문화소비자를 확대하고 나아가 도시의 문화적 마인드를 고양시키는 것의 중요성을 인식하고 있다고 볼 수 있다. 예를 들어, 쉐필드에는 카페, 음악시설, 극장, 바, 갤러리 등과 같은 문화공간이 형성되어 있는데, 이것은 장기적으로 쉐필드의 성공은 강력한 생산기반만으로는 보장될 수 없고 거주자와 방문객의 문화적 욕구를 충족시켜야 가능하다는 시 정부의 인식에서 비롯된 것이다.

② 전문인력

쉐필드시에서 충청남도가 시사받을 수 있는 중요한 것 중의 하나가 문화산업 발전을 위한 지역대학의 역할이다. 쉐필드시에 있는 2개의 대학과 단과대학에는 대규모 학생인구가 밀집해 있는데, 특히 할램대 노던미디어 스쿨은 지역문화산업 발전에 매우 큰 기여를 했다.

이 대학은 이 지역의 산업재구조화의 중심적 존재가 되어 왔는데, 여기서 주목할 점은 대학의 주캠퍼스 자체가 점차로 CIQ 내로 확장되어 왔다는 점이다. 이는 CIQ가 전문인력 양성을 위하여 대학의 교육기능과 통합하여 현장지향적인 교육을 가능케 하는 것이다.

아울러 CIQ 자체적으로 전문인력을 위한 평생학습 또는 재교육을 위해 각종 프로그램, 예컨대 레드테이프 스튜디오의 성인훈련, 워크스테이션, 쇼룸 등을 운영하는 점도 주목할 필요가 있다.

③ 관련 산업의 집적 및 선택과 집중

쉐필드 클러스터에서는 관련 업체들의 집적과 선택 및 집중전략을 단순히 컴퓨터기반의 디지털 콘텐츠에만 몰두하지 않고 영화, 음악, 공연 등 창의적인 문화산업을 중심으로 시작하였다. 그 결과 소프트웨어와 디자인산업이 동시에 발전되는 양상을 갖추게 되었다.

이는 문화콘텐츠산업을 곧 디지털 소프트웨어산업으로 등식화시키는 인식을 개선시켜 주는 것으로, 충청남도를 비롯한 우리나라의 각 지역자치단체들이 이 점을 주목할 필요가 있다.

④ 추진 주체의 적극성

쉐필드의 발전에 있어 가장 주목받는 부분은 시 정부의 강력한 의지와 적절한 전략이다. 즉, 도시의 앞날을 걱정하는 쉐필드 정부가 기존의 전통 제조업을 과감히 포기하고 문화산업

을 선택하는 모험적을 결단을 내린 점으로, 처음에는 회의적인 시각과 저항이 많았지만 시정부가 체계적이고 적절한 전략으로 문제들을 해결함에 따라 결국 유럽에서 가장 성공적인 도시 재개발의 사례가 되었다.

두 번째로 주목할 점은, 쉐필드시가 이러한 강력한 추진력을 바탕으로 그 전담 실행기구인 CIQ 개발기구를 설립한 점이다. 이 전담기구를 통해 각종 어젠다(Agenda)를 개발하고 발전을 도모하는 중심축을 형성시켰으며, 동시에 CIQ 내 기업들의 중역들로 구성된 파트너십 위원회를 운영하여 조화를 꾀하고 있다. 이 기구의 주요 사업은 다음과 같다.

- 문화기업 포트폴리오 개발
- 문화기업 지원
- 지원인프라 스트럭쳐 공급 즉, 사업전문기술의 지속적인 주입
- 기술프로그램을 통해 교육훈련 제공
- 학습네트워크를 통해 생애학습 강조
- 문화경험프로젝트 개발로 지원과 훈련 제공

마지막으로, 쉐필드시 정부가 역점을 둔 일반 시민과 기업들의 거버넌스 접근 정책도 주목할 만한 대목으로, 충남도는 이러한 쉐필드의 추진전략을 면밀히 살펴 보다 지역특성에 맞는 적절한 전략을 준비해야 할 것이다.

4. 한국문화산업의 현황 및 육성과제

(1) 문화산업의 현황

❶ 문화산업의 세계적 동향

세계 경제는 자본과 노동 집약적 산업에서 소프트웨어·콘텐츠 중심의 지식기반 산업으로 급속히 이동하는 추세에 있다. 즉, 기존 하드웨어 산업의 마진율이 급감함에 따라 그 대안으로 소프트웨어 및 창의성에 바탕을 둔 문화산업이 차세대 고부가가치 성장엔진으로 급부상하고 있는 것이다.

예를 들어, 영화「스타워즈 에피소드Ⅰ」은 약 1억 달러의 제작비를 들여 1999년 여름 개봉 이래 2001년 말까지 47억 2,100만 달러의 수익을 올린 것으로 밝혀지고 있는데, 그 수익내용을 보면 캐릭터 27억 달러(전체의 57%), 비디오 8억 6천만 달러(18%), 극장 상영 7억 3천만 달러(16%)에 달한다. 이것만으로 볼 때도 첨단영상 문화콘텐츠산업이 고부가가치를 창출하는 고속성장산업임을 확인할 수 있다(삼성경제연구소, 2002).

따라서 세계 메이저들은 콘텐츠산업을 중심으로 M&A, 전략적 제휴 등을 통해 기업구조 개편을 가속화하고 있다. AOL-타임워너 등 인프라와 콘텐츠의 합병, 소니·MS의 게임시장 진출 등이 그 대표적인 예로, 이 중 소니는 콘텐츠부문이 이미 가전부문 매출을 추월하고 있는 수준이다(문화관광부, 2001).

이와 같이 향후 세계적으로 진행될 국제경쟁력의 재편은 문화콘텐츠산업 시장이 크게 좌우할 것이다. 세계 문화콘텐츠 시장규모는 2001년 8,500억 달러에서 2005년에는 1조 4천억 달러(1,820조 원)로 급격한 성장을 보일 것이다. 예를 들어, 게임산업의 경우 평균 부가가치율

이 산업계 최고 수준인 60.3% 이며(78억 원의 제작비를 들인 온라인게임 「리니지」의 현재 매출액은 1,132억 원에 달한다) 2003년도엔 세계 게임시장(2,995억 달러)이 이미 반도체시장(2,811억 달러)을 능

구 분	1970~80년대	1980년대	1990년대	21세기
기술발달의 방향	하드웨어	소프트웨어	네트워킹	콘텐츠
중심가치	산업	정보	지식	감성·문화
대표업체	IBM	마이크로소프트	넷스케이프 오라클	AOL-Time Warner 소니, 비방디 유니버설

표 8 주요 기술과 중심가치의 변화

자료 : 삼성경제연구소, 「한국문화산업발전을 위한 긴급제언」, 2002, 데이비드 모슈라, 「패자의 미래」(1977)를 재구성.

가하였다(문화관광부, 2001).

문화콘텐츠산업에 대한 이상과 같은 전망에 따라 세계 각국은 이제 문화콘텐츠산업을 국가의 미래전략산업으로 선택, 집중 투자하면서 세계시장 선점에 총력을 경주하고 있다. 특히, 미국은 영상산업이 2005년 세계시장의 70%를 점유할 것으로 기대하며 미디어·엔터테인먼트산업을 군수산업과 함께 2대 주력산업으로 간주하고 있으며, 영국도 콘텐츠산업을 창조산업(Creative Industry)으로 명명하고 GDP대비 비중 1% 달성과 100만개 일자리 창출을 목표로 육성하고 있다.

❷ 한국 문화산업 현황

우리나라도 문화콘텐츠산업을 차세대 전략산업으로 인식하기 시작하였으나 투자 부족, 업체 및 시장 규모의 영세성, 하청구조에의 종속 등으로 인해 세계시장과는 큰 격차를 보이고 있다. 국내시장은 120억 달러 규모로 세계시장의 1% 내외에 불과하고, 미·일 등 외국산 콘텐츠가 주요 분야 국내시장의 70~80%를 점유하고 있는 실정이다(문화관광부, 2001).

　엘빈 토플러도 「위기를 넘어서 : 21세기 한국의 비전(2001)」에서 서비스 수입국인 한국은 수출에서 차지하는 무형자산의 비중을 높여야 할 시점에 처해 있다고 지적한 바 있다. 이러한 시장규모의 제한은 산업의 발전을 위해 필요한 규모의 경제(economies of scale) 실현이 쉽지 않다는 문제점을 발현시키고, 또 세계시장에서의 위상 확립과 그에 따른 국제적 인지도, 상품차별성을 약화한다는 문제점도 발현시키게 된다. 따라서 이러한 시장규모의 제한이 해결되어야만 우리 문화콘텐츠의 장기적이고 발전적인 개발이 이루어질 수 있다는 결론이 도출될 수 있다.

　시장의 제한으로 인하여 소비자들이 원하는 질과 양의 콘텐츠 제작이 비즈니스적인 관점에서 억제되고 있는 것이 중요한 문제점이다(문화관광부, 2001).

　산술적인 시장규모의 비교와는 달리 과연 우리 문화산업이 콘텐츠산업으로서 어떠한 경쟁력을 가지고 있는가는 또 다른 접근을 통하여 이루어져야 한다. 여러 가지의 분석결과 우리 문화산업, 특히 문화콘텐츠산업은 경영자산이 가장 큰 문제점이라는 지적이 제시되고 있다.

　우리가 이제까지 막연하게 생각해 왔던 오류는 우리의 콘텐츠산업이 선진국의 그것과 비교하였을 때 기술적으로 뒤져 있기 때문에 세계시장에서의 경쟁력이 저하될 수밖에 없다는 전제이다. 하지만 기술자산보다는 오히려 기획력, 마케팅력, 파이낸싱(financing) 능력, 유통력 등 경영적 자산의 경쟁력을 높이는 것이 절실한 것으로 분석되었다. 결국 우리의 노력은 경영자산의 배양에 더 큰 비중이 주어져야 한다는 시사점을 얻을 수 있다.

표 9 문화산업 시장규모(단위 : 억불. 2000년 기준)

구 분	출 판 인 쇄	영 상			게 임	음 반	신 문 잡 지	방 송	광 고	캐릭터 패션, 공예	계
		영 화	비디오	애니메이션							
세계시장	801	630	358	736	954	369	756	1,680	3,003	2,800	12,087 (100%)
국내시장	36	2.1	2.5	2.7	9.28	3	27.5	38	29	21	171.08 (1.42%)
점유율(%)	4.5	0.3	6.9	0.4	0.9	0.8	3.6	2.3	0.9	0.8	(1.42%)

자료 : 문화관광부, 「콘텐츠코리아 비전 21」, 2001

이는 최근의 콘텐츠산업에서 가치창출의 고리 중심이 기획과 마케팅 등의 분야에 존재한다는 사실과 일치한다. 콘텐츠산업에서 정보의 부가가치 창조에 참여하는 단위들의 연결구조는 다음의 그림과 같다(문화관광부, 2001).

이 중에서 최근 가치창출의 중심이 되는 분야로 주목받고 있는 것이 콘텐츠 창출분야(Contents creation)와 콘텐츠 매개분야(Contents packagers)인데, 우리나라는 바로 이 중심고리에서 취약한 경쟁력을 드러내고 있다.

그림 9 콘텐츠산업의 가치창출 구조

우리 문화콘텐츠산업의 또 하나의 문제점은 우리 산업들이 콘텐츠산업의 가치창출 구조의 본질인 윈도우효과를 최대한 이용하지 못하고 있다는 사실이다. 미국의 할리우드 영

화산업에서는 일반적으로 가치창출 방식이 '극장상영 → 항공기내 상영 → 홈비디오 → PPV 방영 → 네트워크 TV 방영 → 로컬 TV 방영' 순의 윈도우를 통하여 순차적으로 이어진다. 또, 최근에는 초대형 영화를 중심으로 기존의 윈도우에다 새로운 윈도우를 결합시켜 그 수익증대를 더욱 극대화시키고 있다.

이에 반하여 우리의 문화콘텐츠들은 최초의 기획단계에서부터 다양한 윈도우를 타깃으로 하지 않는 경우가 많아 수익과 소비자 만족도를 극대화하지 못하고 있다. 이것은 우리 콘텐츠산업에서 다양한 윈도우 관련자들 간의 네트워크가 그만큼 충실하지 못하다는 것에서 그 원인을 찾을 수 있을 것이다.

현재 우리나라는 문화콘텐츠산업 성장의 기반이 되는 통신과 방송망은 성공적으로 구축하였으나, 이를 채울 콘텐츠의 절대량이 부족한 상황이다. 초고속 정보통신망 구축, 인구대비 세계 1위의 초고속인터넷 600만 명 가입 등 정보 인프라는 세계적 수준이다. 그리고 디지털 위성방송 실시, IMT-2000 출범 등으로 콘텐츠 수요의 폭발적 증가가 예상되나 그 공급량이 턱없이 부족할 것으로 예측되는데, 문화관광부의 한 전망에 따르면 2005년에 이르면 4만 시간의 방송물량이 부족할 것으로 보인다. 이에 따라, 선진국 콘텐츠가 유입될 가능성이 그만큼 증가하고 있다(문화관광부, 2001).

한편 최근 각국에서의 '한류(韓流)열풍' 및 문화콘텐츠의 세계시장 진출 사례 등을 통해 향후 국가 주력산업화 가능성을 엿볼 수 있다. 문화콘텐츠산업은 지적 전통기반과 문화적 창의력이 풍부한 우리 민족에게 적합한 분야로서 획기적인 고성장도 기대할 수 있다고 본다.

표 10 국내 문화산업의 현황과 전망　　　　(단위 : 억 원)

구 분	1999년	2001년	2003년	연평균성장율 (1999~2003)
방 송	6,614	10,350	11,425	18%
영 화	30,570	64,000	76,000	37%
음 악	3,800	4,925	6,650	19%
게 임	9,014	14,454	28,253	53%
애니메이션	2,700	3,294	4,050	12%
캐릭터	32,320	41,000	53,520	17%
합 계	85,078	138,023	179,898	28%

자료 : 문화관광부 홈페이지, 「문화산업통계」, 「문화산업비전 21」

1999년부터 2003년간의 문화산업의 시장규모에 대한 연평균 성장률 분석도 28%로 나타나고 있는데, 이를 영역별로 보면 2001년의 경우 방송(6.4조 원), 캐릭터(4.1조 원), 게임(1.4조 원)의 순이며, 연평균 성장률 면에서는 게임(53%), 방송(37%), 영화(18%), 캐릭터(17%) 순으로 나타나고 있다(삼성경제연구소, 2002). 따라서 세계적 수준의 창의력과 전문지식을 가진 인력양성과 기술수준 향상, 세계시장 대상 유통지원 등 민간부문에 대한 성장환경 조성이 시급하다고 볼 수 있다.

❸ 한국 문화산업 육성을 위한 과제

① 한국문화산업 발전과제

향후 몇 년은 영화, 음반, 게임, 캐릭터 부문의 수출이 늘어나는 등 막 도약하려고 하는 단계이기 때문에 한국 문화산업의 성공여부를 결정짓는 매우 중요한 시기가 될 것이다. 그런데, 근래 들어 2002년 7월 이후 한국 문화산업의 기반을 위협하는 악재들이 발생하고 있다. 즉, 업계 리더들이 상당수 비리에 연루되어 자칫 문화산업의 가치사슬(value chain)이 끊어질 우려도 높고, 기획, 제작 중단과 자금 경색에 따른 후유증이 심각하다(삼성경제연구소, 2002). 따라서 한국 문화산업은 지금의 고비를 잘 넘겨야만 주력산업의 하나로 자리잡을 수 있을 것이다.

 문화산업은 영역별로 발전단계 및 강약점이 다르므로 이를 감안해서 도약을 위한 방안을 마련해야 할 것이다. 영화, 방송, 음반은 대규모 자본이 요구되고 해외시장의 벽 또한 높기 때문에, 수출가능성이 높고 IT접목이 용이한 게임, 애니메이션, 캐릭터를 중심으로 중점 육성할 필요가 있다. 그리고 세계적 수준의 디지털 기술과 인터넷망, 탄탄한 신세대 수요, 숙련된 제작인력 등의 강점을 최대한 활용할 뿐 아니라 대형화된 전문기업 부족, 불투명한 업계관행, 교육시스템 낙후 등의 약점도 조속히 보완되어야 할 것이다.

표 11 한국 문화산업의 분야별 강약점

분 야	강 점	약 점
영 화	- 개방 이후 경쟁력 제고 - 극장, 펀드 등 인프라 개선	- 원작 시나리오 부족 - 대작, 대박 콤플렉스
방 송	- 유능한 제작인력 보유 - 높은 시청자 충성도	- 불공정 계약관행 - 자본력 열세로 대형화 곤란
음 악	- 국내가요의 탄탄한 내수 기반 - 열성적인 10대 팬	- 「PR」 중심의 마케팅 - 저작권을 둘러싼 갈등
게 임	- 세계 최고의 초고속망 보유 - 역동적 게임문화(PC방 등)	- 폭력, 선정, 중독성 시비 - 해외 빅 브랜드가 판매 주도
애니메이션	- 풍부한 제작경험과 기술력 - 동영상 문화와 관련 인프라	- 독창적 기획자, 원작자 부족 - 장기간의 투자회수기간
캐릭터	- 「아바타」등 성공 경험 - 모바일 콘텐츠 수익모델 정착	- 불법 복제·유통 방지책 미비 - 세계화 아이템 부족

자료 : 삼성경제연구소, 「CEO Information : 한국문화산업발전을 위한 긴급제언, 제361호, 2002.

그림 10 한국 문화산업 발전을 위한 8대 과제

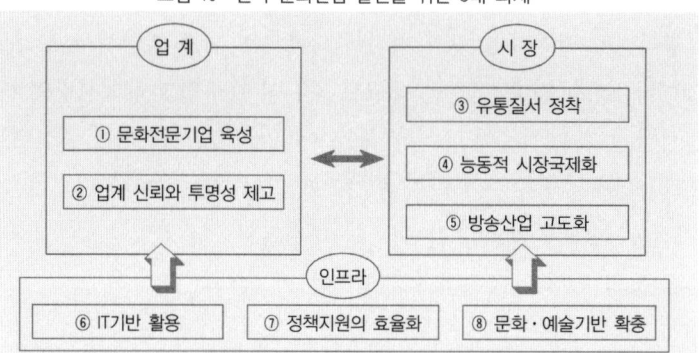

자료 : 삼성경제연구소, 「CEO Information : 한국문화산업발전을 위한 긴급제언」, 제361호, 2002

이와 관련하여 삼성경제연구소에서는 한국 문화산업 발전을 위한 8대 과제를 제시하고 있는데 그 내용은 아래 표와 같다.

② 한국적 문화콘텐츠의 개발

우리 문화산업의 발전을 위해서는 무엇보다 한국만이 생산할 수 있는 경쟁력 높은 콘텐츠의 개발이 필요하다. 이를 위한 방안으로서 첫째, 중국, 일본 등과 연계하여 아시아적 콘텐츠를 개발, 이것을 할리우드식 미국콘텐츠에 대한 대안으로 제시하는 것을 생각해 볼 수 있다.

둘째, 문화콘텐츠산업에 대한 종합적·체계적 지원시스템을 시급히 마련해야 한다. 디지털 기술의 발달과 매체의 급속한 융합화에 능동적으로 대응하고 콘텐츠 개발 전문기능 및 산업별 기반조성·지원기능 수행을 위하여 콘텐츠 제작은 물론 창업보육·정보·기술·마케팅·

인력양성 등에 대한 지원도 함께 이루어져야 한다.

셋째, 문화콘텐츠의 R&D 역량 강화는 물론, 최근에 새롭게 대두되고 있는 CT(Culture Technology)를 육성하는 방안에도 집중적인 노력이 이루어져야 한다. 이를 위하여 게임, 애니메이션, e-Book 등 문화콘텐츠산업 분야별 범용기술 개발에 노력하고, 신규 미디어 대응 핵심기술 및 콘텐츠 라이센싱을 지원하며 문화콘텐츠 사업분야간 B2B 연계 프로젝트를 지원하는 것이 필요하다. 예를 들어 애니메이션 / e-Book / 게임 / 캐릭터를 연결하는 One-source, Multi-use사업을 지원하여 문화산업 부가가치의 핵심요소인 윈도우 효과(window effect)를 극대화시키는 방법도 고려할 수 있을 것이다.

표 12 문화산업발전을 위해 해결해야 할 8대 과제

과 제	현상 진단	Action Item
1. 문화전문기업 육성	- 악조건하에서 성공사례 연출 - 지금은 총체적 위기 상황	- 특화전략으로 세계시장 공략 - 문화 CEO 영입 및 양성
2. 업계 신뢰와 투명성 제고	- 「안면」이 「계약」을 압도 - 관행과 제도의 괴리	- 포용, 선별, 자율로 관행 개선 - 전문성, 도덕성 등 기본 강조
3. 유통질서 정착	- 불법복제 요주의국으로 지목 - 인터넷 콘텐츠 공짜의식 만연	- 콘텐츠 유료화 - 체인점 등 유통망 선진화
4. 능동적 시장 국제화	- 완전개방·경쟁의 새 국면 - 특색있는 콘텐츠 수출 호조	- 적극적 문화개방과 교류 - 세계적 스타 콘텐츠 육성
5. 방송산업 고도화	- 시장개방에의 대응 미흡 - 광고시장과 시청률 과다의존	- 합병, 외자유치로 대형화 유도 - 「미디어=기관」에서 탈피
6. IT기반 활용	- 하드에 강하나 소프트의 취약 - 역동적인 디지털 문화 만개	- CT(문화기술)집중 개발 - 디지털 콘텐츠 시장 선점
7. 정책지원의 효율화	- 지원기구와 정책자원 분산 - 「문화=산업」 인식 약함	- 정책조정과 기구 통합 - 우수문화 우대, 문화외교 강화
8. 문화예술기반 확충	- 문화·예술 경시 풍조 - 제도교육의 문화 경시 심각	- 기업 메세나 활동 확대 - 문화체험 중심의 사회교육

자료 : 삼성경제연구소, 「CEO Information : 한국문화산업발전을 위한 긴급제언」, 제361호, 2002

넷째, 콘텐츠 개발에 필요한 기술 전반을 관리하는 슈퍼바이저(supervisor)의 역할에 대한 인식도 필요하다. 즉, 기술 전반을 관리하는 과정 자체를 하나의 또 다른 생산과정으로 인식, 그것을 관리하고 발전시키는 종합적인 하나의 모듈(module) 확립이 필요하다.

이 밖에, 우리 문화산업의 독창적 콘텐츠 개발을 위해 비상업적 기초 분야에 대한 창작 지원 강화도 게을리해서는 안 된다. 저예산디지털 영화, 독립영화, 학생영화 등 기초분야 제작 지원을 확대하고 미디어콘텐츠 센터, 단편영화전용관 등 비상업영화 제작 지원의 방안과 상영인프라 확충에도 힘써야 할 것이다. 문화산업의 콘텐츠는 단기간의 노력에 의해서 그 품질이 제고될 수 있는 여지도 많지만 중요한 창의력과 독창성은 꾸준한 노력에 의해서 결실을 맺게 된다. 따라서 창의력을 제고할 수 있는 여지를 확대하고 그 안에서 여러 가지의 시도들이 이루어질 수 있는 공간은 꾸준히 제공되어야 한다(문화관광부, 2001).

(2) 정부 및 지방자치단체의 육성정책

❶ 중앙정부의 육성정책

① 문화산업정책 추진구조

문화산업육성과 관련된 정책은 문화관광부에서 주도하고 있는데, 문화관광부는 문화산업의 주무 부처로서 1994년에 문화산업국을 창설하여 문화산업육성을 주요 시책으로 추진해 왔다. 이에 대해 정보통신부 등 여타의 부처들은 문화산업 분야에 일부 지원하고 있거나 이

분야로 업무 영역을 확장하려고 의욕을 보이고 있다.

첨단영상형 문화산업의 경우 정보통신부, 과학기술부, 산업자원부, 중소기업청에서 부분적으로 관여해 왔고, 문화상품제조업의 경우에는 산업자원부, 중소기업청이 정책적으로 개입해 왔다. 그리고 문화산업 육성의 주도성이 지방자치단체로 점차 이행되어 감에 따라 향후 행정자치부의 자치단체에 대한 지원이 확대될 것으로 보이며, 첨단문화도시개발과 관계하여 건설교통부도 관련 시책을 검토 중에 있다(한국지방행정연구원, 2000).

문화산업의 육성을 위한 기본 법률로는 문화산업진흥기본법과 그 시행령이 있다. 1999년 2월에 법제화되어 동년 5월과 7월에 각각 시행령과 시행규칙이 확정된 이 법은 문화산업에 대한 종합적인 육성체제를 담고 있어서, 정부는 이 법을 통해 문화산업을 본격적으로 육성하는 근거를 확보하게 되었다고 볼 수 있다.

이 밖에, 문화산업 진흥과 직접적으로 관련된 법률로는 '영상진흥기본법', '영화진흥법', '외국간행물수입배포에관한법률', '음반·비디오물및게임에관한법률', '저작권법', '정기간행물등록에관한법률' 등이며, 간접적인 법률로는 문화지구 지정 등을 관장하는 '문화예술진흥법'이 있다(한국지방행정연구원, 2000).

② 문화관광부의 문화산업진흥정책

문화관광부는 자체적으로 문화산업국을 두고 그간에 문화산업을 지원하는 관련 법체계를 종합 정비하는 한편, 서울종합촬영소, 문화산업지원센터와 게임 종합지원 센터를 설립·운영하고 지원해 왔으며, 최근에는 각 자치단체들의 문화산업단지조성 정책도 주도하고 있다.

　1998년 이래 문화관광부는 문화산업을 지원하는 종합 지원센터 설립을 역점적으로 추진해 왔는데 「영상벤처센터」, 「애니메이션아카데미」, 「게임종합지원센터」, 「문화산업지원센터」, 종합촬영소의 첨단디지털 영상기지화 추진 등을 그 예로 들 수 있다.

　또 1999년에 한국문화산업진흥위원회, 영상진흥위원회, 영상물등급위원회, 한국방송진흥원 등을 구성 또는 설립하였고 문화콘텐츠개발을 위한 종합 지원체제를 마련하기 위해 2001년 8월에 「한국문화콘텐츠진흥원」을 설립하였다.

　문화콘텐츠산업과 관련된 문화관광부의 정책은 2001년 6월에 수립한 「콘텐츠 코리아 비전 21 : 문화콘텐츠산업 발전 추진계획」에 압축되어 있다. 이 「콘텐츠 코리아 비전21」은 두 가지 이유에서 계획되었는데, 그 하나는 문화산업의 디지털화 가속 및 미디어 융합 등에 따라 급 팽창하는 콘텐츠시장에 유연하게 대응하여 정책지원 시스템을 재편하는 것이고, 또 다른 이유는 디지털 시대에 맞춰 문화콘텐츠의 각 분야의 실질적인 경쟁력을 확보할 필요가 생겼기 때문이다. 「코리아 콘텐츠 비전21」은 2003년까지 총 8,546억 원의 재원을 조성하여 투자·지원하도록 계획되어 있는데, 그 재원은 국고 및 기금이 3,810억 원, 민간자금이 4,000억 원, 기타 736억 원 등이다. 이렇게 조성된 재원으로써 응용기술개발, 문화원형 콘텐츠화, 콘텐츠 개발지원, 콘텐츠진흥사업 등에 투자·지원하게 된다.

표 13 콘텐츠 코리아 비전21 재원 조성 (단위 : 억 원)

구 분	국 고	문화산업진흥기금	영화금고	방송 발전기금	정보화 촉진기금	민 간	기 타	계
2001	–	200	100	200	500	1,500	736	3,236
2002	555	200	100	300	500	1,500	–	3,155
2003	555	200	100	300	–	1,000	–	2,155
계	1,110	600	300	800	1,000	4,000	736	8,546

자료 : 문화관광부, 2001 문화정책백서, 2001.

「코리아 콘텐츠 비전 21」에서 계획하고 있는 사업을 구체적으로 소개하면 아래와 같다.

▶ 디지털시대에 부응하는 법령 및 제도 정비
　• 「문화산업진흥기본법」을 문화콘텐츠 중심으로 전면 개편
　• 분야별 문화산업 관련 법제를 디지털시대에 맞게 정비
　• 디지털시대 부응을 위한 「저작권법」 전면 개정

▶ 지식기반 경제를 선도할 전문인력 양성
　• 전략 콘텐츠 분야 전문인력 양성기능 대폭 강화
　• 문화콘텐츠 전문 프로듀서 및 마케터 양성
　• 첨단 전문인력 양성을 위한 교육과정 확대

▶ 전략적 마케팅으로 세계시장 진출 확대
　• 전략지역에 해외시장 진출 거점 확보
　• 경쟁력 있는 '스타프로젝트' 발굴 및 집중 지원

- 세계적인 문화콘텐츠 행사 개최로 콘텐츠 배급기지화
- 문화콘텐츠 국제 공동제작 프로젝트 지원

▶ 문화콘텐츠 창작역량 확충
- 「한국문화콘텐츠진흥원」 설립으로 콘텐츠창작 인프라 선도
- 문화콘텐츠 재원확충으로 콘텐츠 제작시장 활성화
- 창작 문화콘텐츠 제작 활성화 지원
- 전략콘텐츠 분야별 지원 강화

▶ 산업발전 기반조성을 위한 인프라 구축
- 「미디어콘텐츠센터」 설치로 미디어교육 기반 확립
- 문화콘텐츠 유통 활성화를 위한 네트워크 인프라 구축
- 지역별·산업별 지방 문화산업 성장거점 확보
- 산업별 인프라 확충 및 유통체계 개선

2001년 8월 29일에 발표된 문화관광부의 「문화콘텐츠산업 발전정책」에서는 「콘텐츠코리아 비전 21」에서 밝힌 사업을 바탕으로 좀더 전략적인 차원에서 문화콘텐츠산업 발전목표와 4가지의 핵심과제를 제시하고 있다.

먼저, 발전목표는 2005년 세계시장 점유율 5%를 목표로 2003년까지 문화콘텐츠 핵심생산국 진입기반을 마련하고, 2005년까지 Global Minor, Asian Major로 도약한다는 것이다. 이러한 발전목표를 달성하기 위한 4가지의 핵심과제를 살펴보면 아래와 같다.

▶ 게임・애니메이션・캐릭터는 세계적 수준, 영화・음악・방송영상은 아시아 최고 수준으로 육성
- 우리민족 특유의 문화적 창의성과 기획력 발휘에 가장 적합한 분야를 '선택', 전략적으로 '집중' 투자한다.
- 기 구축된 초고속정보통신망・위성방송 등 우수인프라를 최대 활용한다.
- 민간투자 미흡, 하청생산방식, 해외마케팅 등의 문제점을 해소하는 전략을 중점적으로 추진한다.
- '97년 이후 내수시장이 활성화되고, 중국 등 동남아권의 수출이 급성장하는 추세에 있어, 이를 지속화・가속화하는 전략에 초점을 둔다.

▶ 문화콘텐츠 창작・개발역량을 획기적으로 확충
- 콘텐츠 제작환경 조성을 위한 행정적・재정적 지원을 강화한다.
- 콘텐츠의 제작기반이 되는 창작소재를 발굴하고 지원을 활성화한다.
- 창작・기획력과 디지털 기술을 접목한 R&D 지원을 확대한다.

▶ 2005년까지 전문인력 4만 명 집중 양성
- 게임, 애니메이션, 방송영상 등 유망 분야의 전문인력을 2005년까지 약 4만 명을 육성한다.
- 전문대 이상의 정규 교육과정에 「콘텐츠 특성화 학과」 증설을 추진하고, 관련 커리큘럼, 시설・장비 확충을 지원한다.
- 비정규과정의 콘텐츠 기획인력을 양성한다.

▶ 전략적 마케팅으로 세계시장 진출 지원 확대
- 세계시장 진출을 목표로 다양한 기획 프로젝트사업을 추진한다.

- 세계적 대회를 지속적으로 개최하여 국내시장을 콘텐츠 배급기지화 한다.
- 세계 주요 전략시장에 해외시장 진출을 위한 거점을 확보한다.

③ 정보통신부의 관련 정책

정보통신부는 이미 영상산업개발지원, 멀티미디어산업 육성, 게임산업 발전 등을 위한 발전계획을 수립한 바 있다. 정보통신부의 「CYBER KOREA 21」은 문화산업 기반조성 및 마케팅 지원 강화, 첨단 영상기술 개발에 대한 지원 강화, 게임, 애니메이션산업에 대한 관심 제고 및 저변 확대를 목표로 추진되어 온 사업이다.

또 정보통신부가 설립한 소프트웨어진흥원은 소프트웨어 기술 분야를 넘어서 문화콘텐츠산업 분야로 사업영역을 확대해 가고 있다(한국지방행정연구원, 2000).

최근 정보통신부에서는 디지털기술의 발달과 매체의 급속한 발전 및 융합화에 능동적으로 대응하기 위한 디지털콘텐츠산업 발전정책 추진에 노력하고 있는데, 그러한 노력의 일환으로 「디지털콘텐츠산업발전 종합계획 2005」를 20001년도에 수립하여 추진하고 있다.

디지털콘텐츠산업은 디지털콘텐츠의 제작, 유통, 소비와 관련되는 산업으로서 DB산업, 소프트웨어산업, 인터넷을 기반으로 새롭게 등장하고 있는 신 IT산업으로서, PC통신망, 유무선 인터넷망 등 정보통신망을 통해 제작・유통・소비되는 것뿐만 아니라 DVD, CD-ROM 등 오프라인으로 제작・유통・소비되는 것도 포함한다. 특히 인터넷으로 만들어지는 무한한 사이버공간에서 디지털콘텐츠산업이 다양하게 전개됨에 따라 e-Book, e-Music, 웹캐스팅 등 신규 콘텐츠가 지속적으로 등장하고 디지털콘텐츠산업의 범위가 확대일로에 있어, 앞으로 디지털

콘텐츠산업은 지식정보화사회의 핵심 산업이며 성장가능성이 높은 고부가가치 핵심산업임을 알 수 있다(정보통신부, 2001).

그림 11 디지털콘텐츠산업의 범위

디지털 콘텐츠 산업	IT 기술	비 전	〈신규콘텐츠 : New contents〉 (web casting, e-Book, e-Music, 사이버 생명체, 보건·건설콘텐츠 등의 융합콘텐츠)						
		기 획	영화, 음악, 서적 등 (문화콘텐츠)	의료정보, 원격진료 등 (보건콘텐츠)	GS, 사이버 중개 등 (건설콘텐츠)	온라인뱅킹, 사이버증권 등 (금융콘텐츠)	······	공공정보, 지역정보 등 (정보콘텐츠)	ASP, VCD, 온라인게임 등
		투 자							
인터넷, IMT-2000 등 유무선 정보통신망, 정보통신기기, S/W, DB									
콘텐츠 관련 기존산업			문화산업	보건산업	건설산업	금융산업	······	정보산업	S/W산업

그러나 우리나라는 양질의 디지털콘텐츠산업 육성을 위해 우선적으로 해결해야 할 많은 과제들을 안고 있다. 먼저, 초고속정보통신망, 위성방송 등 정보인프라가 구축됨에 따라 양질의 콘텐츠에 대한 수요가 증가하고 있음에도 우리의 문화자산을 바탕으로 한 경쟁력 있는 국산 디지털콘텐츠가 제대로 개발되지 못한 점을 들 수 있다. 이 밖에도 디지털콘텐츠의 안전한 거래기반이 정립되지 못하고, 제작자의 투자를 보호할 수 있는 장치나 수익기반이 취약하고, 디지털콘텐츠 전문인력이 부족한 점, 그리고 디지털콘텐츠 기술개발 및 표준화활동이 미흡한 점 등도 시급히

해결되어야 할 과제들이다(정보통신부, 2001).

이를 해결하기 위해 정보통신부에서는 디지털콘텐츠 육성을 위한 5대 실천과제를 수립하는 한편, 범 정부차원의 디지털콘텐츠진흥체계로서 국무조정실장을 위원장으로 하는 「디지털콘텐츠산업발전위원회」, 한국 소프트웨어진흥원의 부설기관인 「디지털콘텐츠지원센터」, 민간 중심의 「한국디지털콘텐츠산업단체협의회」 등을 결성 또는 설치하며 지방자치단체와 협력을 활성화하고 「멀티미디어기술지원센터」의 역할도 강화하고 있다(정보통신부, 2001).

④ 기타 부처의 관련정책

문화관광부와 정보통신부 이외에 문화콘텐츠산업육성과 관련되는 정책을 수립, 집행하는 부처로는 산업자원부와 과학기술부를 들 수 있고, 여기에 더하여 중소기업청도 벤처기업의 창업자금지원 등을 통해 문화콘텐츠산업육성에 힘쓰고 있다.

먼저, 산업자원부는 영상진흥기본법을 토대로 콘텐츠분야 기업들에 대한 금융, 세제지원, 기술기반 조성사업을 실시하고 있고, 영상산업 기술개발, 전자게임산업 종합발전방안을 마련하였다. 또한 지방자치단체들의 영상산업진흥정책도 지원하고 있는데, 춘천시의 경우 애니메이션기업들을 위한 기자재를 확보하는 데 산업자원부의 지원을 받았고, 천안시는 영상문화복합단지조성사업에 산업자원부의 지원과 협조를 받고 있다(한국지방행정연구원, 2000).

한편, 과학기술부는 근래에 첨단영상소프트웨어 기술 지원센터 건립을 추진하여 문화산업분야에 대한 정책적 관심을 구체화하였고, 중소기업청은 벤처기업의 창업자금 지원을 통해 첨단영상형 문화산업을 지원하고 있으며 장기적으로 문화상품제조형 문화산업육성에 적극적으로 나설 것으로 보인다.

❷ 지방자치단체의 주요 관련 정책

지방자치단체들의 문화산업정책은 크게 세 가지로 구분될 수 있다. 대규모 문화산업단지를 조성하는 사업, 문화산업지원센터나 문화산업집적빌딩 등을 건립하여 관련 기업들을 입주시키고 지원하는 사업 및 문화산업 육성정책들이다.

이 사업들은 광역자치단체나 기초자치단체들이 주도적으로 추진하고 있지만, 중앙정부의 부처들에 의해 지원되어 왔는데, 본 장에서는 이렇게 중앙부처의 지원을 받아가며 각 자치단체에서 추진되고 있는 지방문화산업단지 조성과 지방문화산업지원센터 추진내용을 중심으로 살펴보고자 한다.

① 지방문화산업단지 조성 정책

문화산업단지사업은 국가 또는 지방자치단체가 문화산업관련 기술의 개발·제작과 전문인력 양성 등을 통해 문화산업을 효율적으로 진흥하기 위하여 문화산업단지를 조성할 수 있다고 규정한 문화산업진흥기본법 제20조를 근거로 추진되고 있다. 이 법에는 문화산업단지를 기업, 대학, 연구소, 개인 등이 공동으로 문화산업과 관련한 연구개발, 기술훈련, 정보교류, 공동제작 등을 할 수 있도록 조성한 토지, 건물, 시설들의 집합체로 정의하고 있다.

구체적인 사업계획을 보면 2001~2010년간 10년 동안 지역별로 특화된 전통문화산업단지로 10여개 지역이 조성되고, 게임·애니메이션·음악·영상·전자·출판 등 문화콘텐츠형 첨단문화산업단지로 10여개 단지가 조성되는 것으로 계획되어 있다. 각각의 소요 사업비는 첨단문화산업단지 10개 단지에 각 200억 원, 전통문화산업단지 10개 단지에 각각 50억 원, 종합

문화산업단지 1~2개 단지에 각 300억 원씩이 지원될 예정이다(산업연구원, 2001).

2001년에 추진된 사업 경과를 보면, 첨단 디지털문화콘텐츠 테마파크 조성을 위해 위원회 구성, 사업계획 설명회 개최, 현지조사 실시 등 조성계획의 검토 및 조성협의를 가진 바 있다. 그 결과 조성신청을 한 8개 지역(광주, 대전, 춘천, 수원, 광명, 부천, 청주, 김해) 중 4개 지역 (대전, 춘천, 부천, 청주)이 문화산업단지로 1차 지정을 받았다. 이어 10월에 2차 심의회를 한 후 광주, 전주, 경주 등 3개 지역이 2차 문화산업단지로 지정되었다. 각 도시의 문화산업단지 특성화 전략은 아래 표와 같다(산업연구원, 2001).

표 14 문화산업단지 지역의 지정 현황, 1차 지정

지역별	주요 산업 분야	주요 사업계획	위치 및 부지규모	총사업비
대 전	영상, 게임	영화·방송 오픈세트장, 스튜디오, 게임체험장, 게임 아카데미, 전시관 사업기간: 2001~2004	서구, 유성구일원(EXPO공원 중심) 약 100천평	550억 원 국고: 230 지방비: 164 민자: 156
춘 천	애니메이션	종합정보센터, 연구제작센터, 이벤트가든 사업기간: 2001~2005	춘천시 서면 현암리, 금산리 일원 약 61천평	998억 원 국고: 244 지방비: 245 민자: 509
부 천	출판만화	만화정보센터, 만화·문화거리조성, 종합지원센터 등 사업기간: 2000~2002	부천시 원미구 상동 454번지 약 67천평	872억 원 국고: 36 지방비: 156 민자: 680
청 주	게임(교육용)	콘텐츠아카데미, 멀티플상영관, 물류 및 비즈니스센터 사업기간: 2001~2004	청주시 내덕동 (담배원료공장부지) 약 23천평	615억 원 국고: 200 지방비: 211 민자: 204

자료 : 산업연구원, 「문화산업과 도시발전」

표 15 문화산업단지 지역의 지정 현황 - 2차 지정

지역별	주요 산업 분야	주요 사업계획	위치 및 부지규모	총사업비
광 주	디자인, 캐릭터, 공예	영상예술센터, 문화상품 개발센터, 이벤트플라자, 콘텐츠개발센터 사업기간: 2001~2005	동구 금남로 남구 사직공원 일원 약 65천평	644억 원 국고 : 251 지방비 : 345 민자 : 48
경 주	VR 기반산업	사이버체험관, 문화전시관, 문화벤처관, VR랜드 등 사업기간: 2001~2005	경주시 천군동 (세계문화엑스포공원) 약 167천여평	788억 원 국고 : 220 지방비 : 468 민자 : 100
전 주	디지털, 영상, 소리문화 산업	디지털영상미디어센터, 소리콘텐츠센터, 영상엔터테인먼트몰 등 사업기간: 2001~2005	전주시 완산구 중노송동, 남노송동 일원 약 20천평	870억 원 국고 : 260 지방비 : 315 민자 : 295

그림 12 문화산업 지역별 특성화 내용

79

② 문화산업지원센터 설립 사업

문화산업단지 조성사업과는 별도로 주요 지방거점도시에 문화산업을 종합적으로 지원할 수 있는 체제를 구축하기 위해 지방문화산업단지센터 사업을 추진하고 있다. 동 사업은 센터 내에 창업 공간, 정보, 기술, 마케팅 등을 체계적으로 지원하여 문화산업의 지방 확산과 균형적인 발전 및 전국적인 네트워크를 구축할 목적으로 진행되고 있다.

그 지원 실적을 보면 2000년 부산, 광주, 대전 등 3개소에 60억 원 센터 설립을 위해 지원되었고, 이어 2001년에 대구, 부천(경기), 춘천(강원), 청주(충북), 전주(전북) 등 5개소에 100억 원이 지원되었다. 2002년도에는 목포(전남), 경주(경북), 제주 등 3개 지역에 추가로 지방문화산업지원센터가 설립되었다.

이 정책은 앞으로 각 지역의 문화산업 성과에 중요한 영향을 미칠 것이며 문화산업의 클러스터 형성여부에 따라 지역별 성패가 판가름 나게 될 것으로 보인다.

(3) 문화산업의 육성을 위한 정책과제

❶ 중앙정부의 정책과제

현재의 중앙 및 지방자치단체의 문화콘텐츠산업육성 정책은 대체로 상당히 의욕적이고 전향적으로 전개되고 있지만 문화콘텐츠를 차세대의 성장엔진으로 육성시키기 위해서는 다음과 같은 한계점이 있다.

첫째, 문화콘텐츠산업의 특성을 반영한 장기적이고 다각적인 접근이 미흡하다는 점이다. 우리의 문화콘텐츠를 개발하고 그것을 적극적으로 발전시키는 정책의 방향을 개발 자체의 지원에만 치중하지 않는 다각적이고 장기적인 접근이 필요하다. 그러기 위해서는 콘텐츠 개발 인력의 양성, 우리만의 독창적인 콘텐츠 개발 및 환경조성, 세계시장의 개척을 통한 위상확립이라는 세 가지 큰 틀에서 이루어져야 한다.

다시 말하면, 콘텐츠의 개발에 앞서 이러한 콘텐츠의 중요성을 명확히 인식하고 비전을 가진 전문인력을 양성하는 것은 단기적인 붐에 그치지 않는 다원적인 창조의 원천을 확립한다는 측면에서 중요하며, 그러한 기반 위에서 개발을 위한 법률 및 유통구조의 환경이 조성되어야 하고, 바로 이 환경과 인력을 기본으로 개발이 이루어져야 한다.

또한 더 나아가 우리 시장에서의 콘텐츠 개발과 보급의 확산은 세계시장이 글로벌화되어 가는 현 상황에서 단지 국내시장에서의 성공만으로는 장기적인 담보가 이루어질 수 없으므로 세계시장에서 국가의 위상을 확립하여 그 위상을 바탕으로 우리의 문화콘텐츠가 지속적으로 생성, 보급되어야 한다.

둘째, 문화콘텐츠 관련 부처가 문화관광부, 정보통신부, 산업자원부 등으로 중복·분산되어 있어 업무영역을 둘러싼 마찰과 사업 중복 등이 일어나고 있다. 이로 인해 지원규모가 적고 정책적 통합성이 낮아서 지방자치단체의 입장에서는 다소 혼란스러운 형편이다. 그러나 고무적인 일은 2001년 7월 경제정책조성회의에서 다음의 <표 16>과 같이 업무조정을 하고 점차 관련 부처간의 공조체제 구축과 상호협력을 통해 이러한 문제들을 점차 해소시켜 가기로 하였다는 점이다. 이러한 공조체계의 구축은 제공자의 편의를 위한 측면이 아니라 수혜자의 입

장에서 적절한 시기에 적합한 서비스를 지원받을 수 있도록 관계 부처간의 정책조율과 원만한 협조가 필요하다고 할 수 있다.

표 16 문화콘텐츠 관련 부처간의 업무조정 및 협조

구 분	문화관광부	정보통신부	산업자원부
디지털콘텐츠 보호	- 저작권 개정을 통한 보호	- 디지털콘텐츠산업 발전을 위한 법제정	
DOI (Digital Object Identifier)	- 체제구축에 참여 - 시스템 적용 평가	- 체제구축의 조정 담당 - 시스템 개선 - 국제DOI재단 등록	
e-Book, 온라인, 애니메이션	- 관련 콘텐츠 육성 및 개발인력 양성 - 응용기술개발	- 기반기술개발 및 인력 양성 - IT관련 전시회, 대회, 시상 등은 관련 부처간의 협의, 통합	
게 임	- 게임산업 주무부처 지정 - 게임콘텐츠 개발 인력양성 - 응용기술개발 - 게임종합지원센터의 역할 분담 - 문화산업단지는 게임 이외의 분야로 특화	- 온라인, PC용게임 기반 기술개발 및 인력양성 - 전시회, 대회, 시상 등은 통합 - 게임기술개발센터의 역할 분담	- 아케이드게임기, 가정용 게임기부문의 기반 기술개발 및 인력양성 - 국외전시회참가는 KOTRA에서 지원 - 게임산업단지 조성, 관리 - 게임기술개발지원센터 역할분담
캐릭터	- 캐릭터산업의 주무부처 지정 - 캐릭터의 창작, 라이센싱 주관 - 한국캐릭터문화산업협회의 역할분담		- 개발된 캐릭터의 상업화 - 한국캐릭터산업협회의 역할분담

자료 : 김혜숙, 예산정책현안분석보고서 제2호, 국회사무처

셋째, 문화콘텐츠산업의 집적화 전략의 재검토가 필요하다. 현행 문화산업집적 전략은 신규 문화산업단지 개발과 문화산업지원센터 건립, 관련 기업에 대한 지원 등에 의존하고 있으나, 이러한 정책이 장기적으로 성공할 가능성과 효과는 그리 높지 않을 것으로 판단된다. 따

라서 유럽 등 세계 각국의 사례에서 나타나듯이 문화콘텐츠산업 클러스터와 같은 현실적이고 전략적인 프로젝트가 필요하다(한국지방행정연구원).

특히 지적하고자 할 점은 지역 간 균등지원을 지양하고 발전가능성과 성장잠재력이 높은 클러스터를 집중 지원하는 '선택과 집중'에 의한 클러스터 육성정책이 요구된다는 점이다. 그리고 중복투자의 방지를 위해 장르별로 특화하되 문화콘텐츠의 가치사슬(value chain)에 따라 지역 간 협력 체제를 구축해야 할 것이다.

❷ 지방자치단체의 정책과제

대부분의 지방자치단체들의 문화콘텐츠산업 육성정책들은 아직도 구상단계 차원에서 크게 벗어나지 못하고 있기 때문에 본격적인 평가가 어렵다고 볼 수 있다. 그러나 도입기에서의 정책이 매우 중요하다는 입장에서 앞으로의 정책과제를 도출해 보고자 한다.

첫째, 중앙정부와 지방자치단체의 역할이 명확히 정립되지 못하고 있고, 특히 지방자치단체의 주도성이 확립되지 못하고 있다. 지방자치단체에 의해 주도적으로 시행되기보다는 중앙정부의 시책에 호응하거나 시혜를 받으려는 형태로 추진되는 사례가 적지 않다(한국지방행정연구원). 또, 지역의 특성 및 입지여건보다는 정치적 배려가 우선되기 쉽고, 지역 간 중복투자, 정책적 균등지원 등의 문제점들이 나타나고 있다.

둘째, 장기적이고 지속적인 핵심전략이 부족하여 일부 사업들은 전시성 사업이 되고 있다. 지방자치단체들의 문화산업 육성사업들은 화려한 구호와 비전을 내세우고 있는 데 비해 그 실속이 빈약한 상황이고 이를 타개할 종합적이고 장기적인 전략이 부족한 실정이다. 또한 지

자체의 일부 문화산업단지 개발사업은 중앙정부의 정책적 보조금을 확보하려는 경쟁에 치중하는 인상을 주고 있다(한국지방행정연구원, 2000).

셋째, 지역별 특성과 입지여건 등을 감안한 지역별 특화전략과 지역 내 문화적, 산업적 네트워크화 산·학 협력시스템 개발이 미흡하다. 지역의 특성과 여건이 충분히 고려되지 못하고 지역문화발전과 유리된 문화콘텐츠 육성전략은 결코 성공할 수 없다. 또한, 지역의 기업과 대학이 함께 참여하고 협력하는 지방적 거버넌스 창출도 문화콘텐츠산업육성을 위해 매우 중요한 과제이다.

5. 충남 문화산업 육성방안

(1) 충남 문화산업 현황분석

❶ 문화산업 현황 분석

충청남도의 문화산업은 전통적인 음향, 전자, 통신 등 영상 H / W산업이 주류를 이루었으나, 최근 벤처붐으로 IT, CT 분야의 창업이 증가하고 있는 상황이다. 그러나 IT, CT 관련 산업의 대부분이 대학의 창업보육센터 중심으로 집적되어져 있으며, 산업종사자가 기업 평균 10명 미만으로 아직은 매우 취약한 상태이다.

또한 천안·아산지역을 중심으로 한 H / W 관련 기업은 영상기기·음향·모바일(전화) 부품 생산이 주력을 이루고 있어 실질적인 문화산업관련 기업은 거의 전무한 상태이다. 최근 충청남도의 IT, CT 등을 기반으로 한 첨단 문화산업관련 기업은 '아산 – 천안 – 연기'를 축으로 증가하고 있는데, 충남 도내에서 문화산업을 지원, 육성할 수 있는 기본 인프라와 지원시스템이 거의 전무하며 산업기반 또한 취약한 상태이다.

표 17 충청남도 문화산업 분포

지역 분류	천 안	아 산	서 산	논 산	보 령	공 주	서 천	기 타	합 계	비 고
S / W산업	39	16	5	1	2	4	2	2	71	
H / W산업	30	10	1	1	–	2		15	59	음향, 통신 등
인 프 라	2	1			1			1		혁신거점

자료출처 : 산업자원부, 중소기업현황 DB 관리시스템 2004. 08

그림 13 충남 첨단 문화산업 분포도

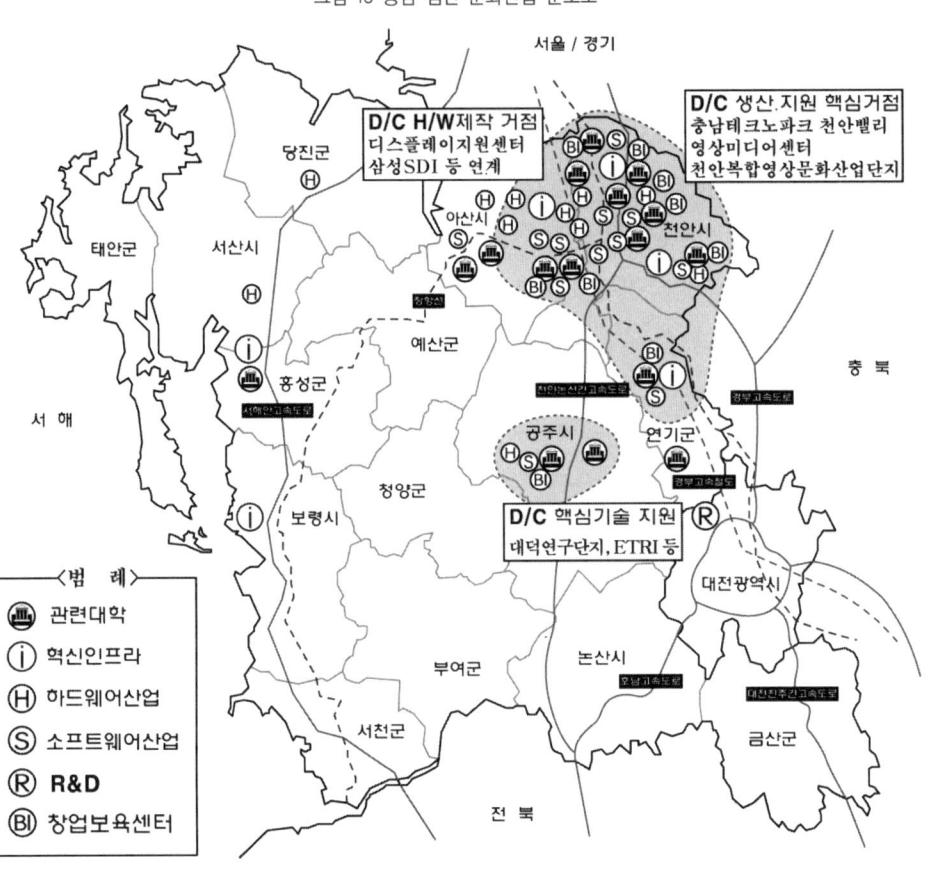

〈범 례〉

- 🏛 관련대학
- ⓘ 혁신인프라
- Ⓗ 하드웨어산업
- Ⓢ 소프트웨어산업
- Ⓡ **R&D**
- ⒷⒾ 창업보육센터

현재, 충남테크노파크의 영상미디어산업 사업화센터, 홍익대학교 영상테마파크 조성사업, 천안영상문화복합단지 조성사업 등 핵심 거점의 인프라가 구축 중이며, 이러한 핵심 거점의 구축을 통해 앞으로 문화산업이 지역산업으로 정착할 수 있는 기반이 마련되면 많은 관련기업 들이 자리 잡을 것으로 기대하고 있다.

충청남도에는 문화산업 관련 학과를 개설하고 있는 학교가 23개로 전국에서 가장 많아 매년 약 2,500명의 학생을 배출하

표 18 충남 첨단 문화산업 SWOT 분석

강 점(S)	약 점(W)
○ 수도권 및 신행정수도 후보지와 근거리 위치, 폭넓은 수요자 층 접근용이 ○ 전문인력 확보 용이 ○ 천안·아산지역에 집적된 S/W 및 H/W 기술과 연계용이 ○ 풍부한 문화자원과 다양한 문화 자원으로 발전 잠재성 풍부	○ 지역 CT산업 구조 열악 – 중소 벤처기업(10명 미만) 위주 ○ 문화콘텐츠산업 인프라 취약 ○ 문화 소비, 콘텐츠유통 열악 ○ 문화산업에 대한 육성정책 미흡
기 회(O)	위 협(T)
○ 지역산업의 전환기 – 지역산구조 IT·CT산업으로 전환 ○ 참여정부의 강력한 지방화와 영상문화산업 육성 의지 ○ 신행정수도 이전 기대 심리	○ 첨단 문화산업 관련 전문인력 및 벤처기업의 역외유출 ○ 문화산업의 지역적 한계 ○ 영상 문화산업은 대표적 High Risk, High Return 산업

고 있다. 그러나 이에 관련된 지역 기업이 영세함에 따라 이들 졸업생들을 지역에 정착시킬 수 없다는 점이 지역의 문화산업 활성화에 많은 제약이 되고 있다. 하지만 국가적으로 영상미디어산업이 충청남도의 전략산업으로 선정되었고, 비록 소규모이긴 하지만 한국기술교육대학교에서 추진한 캐릭터 전문인력 양성과제가 NURI(지방대학혁신역량가화사업)사업으로 선정되는 등의 성과들은 여전히 지역의 영상산업 활성화를 위한 토대로 작용하고 있다.

❷ 문화산업 설문조사 및 분석

① 설문조사 일반사항

문화산업 관련 종사자의 의견을 조사하기 위해 지난 2004년 11월부터 2005년 2월까지 4개월 동안 지역문화산업 관련기업 및 전문가를 대상으로 설문조사를 실시했다. 본 설문조사의 응답자는 지역 대표 45명과 그 외에 지역 전문가 집단인 대학교수, 일부 인터넷 관련 기업 대표자 등을 포함하여 총 65명이었다.

② 기업 일반사항

사업영역별로는 인터넷 관련업무 67%, 광고제작 23%, 게임제작 4% 순이었고, 그 외에 애니메이션, 영화, 방송프로그램 제작, 시뮬레이션 등이 각각 1개 회사로, 인터넷과 관련된 영상제작 업무가 주된 사업 영역인 것으로 나타났다.

자본금 규모에 있어서는 96%가 1억 원 미만의 기업이라고 응답해 대체로 열악한 상황이었다. 1억 원 이상의 자본금으로 사업활동을 하는 기업은 모두 2곳이었는데, 한 곳은 게임회사이며 다른 한 기업은 시뮬레이션 관련 사업을 주 업무로 활동하고 있었다.

이 밖에 회사의 인력 규모 면에서도 직원이 10명 미만인 회사가 대부분인 89%를 차지하고 있어 지역기업이 전반적으로 자본금이나 인력면에서 영세함을 알 수

표 19 사업영역　　　(단위 : 개소, ( )는 %)

구 분	응 답	비 고
애니메이션 제작	1(2%)	
게임제작	2(4%)	
방송프로그램 제작	1(2%)	
영화제작	1(2%)	
인터넷 영상물 등	29(67%)	
광고제작	10(23%)	
기타	1(2%)	시뮬레이션
계	45(100%)	

있다.

　사업주의 관련분야 경력을 묻는 질문에는 비교적 다양한 의견이 나타났는데 7년 이상의 경력을 가지고 있는 사업주도 20명에 달하고 있어 나름대로 전문적인 지식을 가지고 관련분야의 일을 하고 있는 것으로 판단되는 한편, 2년 미만의 짧은 경력을 가지고 사업 활동을 하고 있는 사업주도 10명이나 되는 것으로 나타났다.

　영업 수익을 예상하는 질문에는 대다수의 응답자가 '아직은 실질적인 수익이 발생하지 않고 있으나 1~2년 내에 수익이 발생할 것'이라는 긍정적인 사업전망을 가지고 있었다.

　기업에 재직 중인 직원들의 근무 년 수에 있어서는 '2년 미만'이 대다수인데, 이것은 물론 기업이 창업한 지 얼마 되지 않기 때문이기도 하겠지만 이러한 직원들의 잦은 이직이 기업활동에 제약요인으로 작용한 것으로 보인다.

표 20　자본금 규모　　　(단위 : 개소, ( )는 %)

구 분	응 답	비 고
1억 원 미만애니메이션 제작	43(96%)	
1억 원~3억 원	2(4%)	
계	45(100%)	

표 21　종업원 수　　　(단위 : 개소, ( )는 %)

구 분	응 답	비 고
10명 미만	40(89%)	
10~20명	3(7%)	
20~30명	2(4%)	
계	45(100%)	

표 22　관련분야 경력　　　(단위 : 개소, ( )는 %)

구 분	응 답	비 고
1년~ 2년	10(22%)	
3년~4년	5(11%)	
5년~6년	10(22%)	
7년 이상	20(45%)	
계	45(100%)	

표 23　수익발생 예측　　　(단위 : 개소, ( )는 %)

구 분	응 답	비 고
1~2년 이내	39(87%)	
3~4년 이내	6(13%)	
계	45(100%)	

표 24 직원의 근무 년 수 (단위 : 개소. ( )는 %)

구 분	응 답	비 고
1년 이하	37(82%)	
1년~2년 이내	6(13%)	
3년 이상	2(5%)	
계	45(100%)	

표 25 현재의 위치를 회사 소재지로 정한 이유
(단위 : 개소. ( )는 %)

구 분	응 답	비 고
지역에 연고가 있다	33(73%)	
연구소, 대학 등 정보활동 용이	2(5%)	
인재확보 용이	9(20%)	
수요 고객이 인접해 있다	1(2%)	
계	45(100%)	

표 26 현 위치에서 기업 활동을 하는 것이 유리한가
(단위 : 개소. ( )는 %)

구 분	응 답	비 고
매우 유리하다	0(0%)	
유리하다	1(2%)	
관계없다	37(82%)	
유리하지 않다	5(11%)	
매우 유리하지 않다	3(7%)	
계	45(100%)	

③ 회사 운영에 관한 사항

회사의 위치를 이 지역으로 선정한 이유로서는, 대부분의 응답자가 '연고'를 들고 있었으며, 두 번째가 '인재확보가 용이한 점'을 제시하였다. 한편 많은 기업주들은 이 지역에서 기업활동을 하는 것이 별달리 유리한 점이 없다고 응답하고 있는데, 이것은 향후 기회가 주어진다면 언제든지 타 지역으로 기업을 옮길 가능성을 보여주는 것이라 하겠다

지역에서 기업활동을 하면서 가장 애로사항으로 느끼고 있는 부분에 대해서는, 많은 기업에서 '전문인력 부재의 어려움'을 '제작자금 지원'보다 더 많이 지적하였으며 그 다음으로 '전문인력들의 잦은 이직'과 '인프라 부족'을 지적하였다.

지역에서 문화산업을 영위하기 위해 정부나 지방자치 단체에서 지원해야 할 가장 중요한 점으로는 '전문인력 양성과 수급에 대한 의견'이 56%로 가장 많이 지적되었고, 그 다음이 자금지원(24%), 전문 장비 구축 및 지원(18%) 순으로 나타나, 지역에서 문화사업을 활성화하고 기업활동을 활발히 하기 위해서

는 역시 가장 중요한 것이 전문인력 양성이라는 것을
알 수 있었다.

　문화산업은 원래 인력에 대한 의존도가 높은 산업
이고, 실제 기업들도 이와 같이 인력수급 문제를 더
절실히 원하고 있다는 설문결과로 보아, 앞으로 이
문제를 잘 해결하는 것이 지역의 문화산업이 활성화
되고 성공적으로 정착될 수 있는 관건이 될 것으로
판단된다.

④ 전문분야

　'영상미디어센터 등 문화산업 관련 지원기관에서
중점적으로 추진해야 하는 일이 무엇이라고 생각하느
냐'는 질문에서는 역시 '전문인력 양성'이 전체 응답
의 49%로 가장 많이 차지했으며, 다음으로 고급 기술
지원(23%)과 인프라 구축(18%), 클러스터 구축(6%) 순
으로 응답하여 기술 및 기술인력에 대해 높은 관심을
표명했다.

　이런 결과를 볼 때 관련 기업들이 어느 일정 공간
에 모여 상호협력 관계를 유지하면서 기술을 공유하

표 27　사업 활동을 하면서 가장 어려운 부분은
(단위 : 개소, ( )는 %)

구 분	응 답	비 고
자금부족	11(24%)	
전문인력 부족	25(56%)	
직원들의 이직	5(11%)	
장비 등 인프라 부족	4(9%)	
계	45(100%)	

표 28　지역에서 문화산업을 영위하기 위해 지
원해야 하는 분야　　(단위 : 개소, ( )는 %)

구 분	응 답	비 고
자금지원	11(24%)	
전문 인력양성 및 수급	25(56%)	
장비 등 인프라구축 및 지원	8(18%)	
세제 등 제도적 지원	0(0%)	
마케팅 지원	1(2%)	
계	45(100%)	

표 29　영상미디어센터 등 지원기관의 역할에
대한 의견　　(단위 : 개소, ( )는 %)

구 분	응 답	비 고
전문기술인력 양성	32(49%)	
고급 영상제작 기술지원	15(23%)	
고급 장비 및 인프라지원	12(18%)	
클러스터 구축 및 지원	4(6%)	
마케팅 지원	1(2%)	
관련 제도 지원	1(2%)	
계	65(100%)	

표 30 문화산업에 대한 장래성에 대한 의견

(단위 : 개소, ( )는 %)

구 분	응 답	비 고
장래성이 매우 좋다	15(23%)	
장래성이 좋다	33(50%)	
보통이다	10(16%)	
장래성이 없다	7(11%)	
계	65(100%)	

표 31 문화산업에 대한 만족도 조사

(단위 : 개소, ( )는 %)

구 분	응 답	비 고
매우 만족	7(11%)	
만족한다	21(32%)	
보통이다	28(43%)	
만족하지 않는다	7(11%)	
매우 만족하지 않는다	2(3%)	
계	65(100%)	

고 전문 기술인력을 공급할 수 있는 전문기관이 지역 문화산업 활성화에 중요한 역할을 할 수 있을 것으로 예측된다.

현재 수행 중인 사업에 대한 장래성을 묻는 질문에는 대다수의 응답자(73%)가 장래성이 있거나 매우 많다고 응답하여 영상분야의 장래성을 밝게 전망하고 있었다. 만족도 조사에서도 역시 대체로 보통 또는 만족스럽다고 응답했으나, 이 수치는 사업의 장래성을 긍정적으로 예측하는 응답자의 수보다 낮게 나타났다. 이 점을 볼 때, 지역 전문가들은 문화산업이 장래성은 있으나 사업성은 그에 못 미치는 것으로 생각함을 알 수 있다.

⑤ 설문조사 결과분석

이상과 같은 설문조사를 토대로 지역의 문화산업을 활성화시키기 위해 우선적으로 해결해야 할 당면과제를 다음과 같이 몇 가지 도출할 수 있다.

첫째, 디지털콘텐츠 전문인력이 부족하다. 관련 대학의 수 및 대학이 배출하는 전공자는 많으나, 이 지역에 관련 산업이 부족하고 인력들이 현장실무경험이 부족함에 따라 대부분의 인력이 수도권으로 유입된다는 것을 알 수 있었다. 관련 전공자의 대부분은 전문 자격증

취득과 취업을 위해 전문학원을 통해 실무에서 필요한 실기교육을 이수하고 있는 현실로 보아 현재의 대학교육은 산업현장에 즉시 투입할 수 있는 인력양성에 한계를 가지는 것으로 보인다.

둘째, 문화산업 관련 혁신 인프라가 절대적으로 부족하다. CT산업의 경우 타 산업에 비해 장기적이고 지속적인 투자를 통해 고부가가치를 창출할 수 있음에도, 현재 D/C 관련 중소벤처기업에 대한 전문장비, 공간, 기술지도 등을 체계적으로 지원할 수 있는 혁신 인프라의 부재로 신규 창업이 활발하게 이루어지지 못하고 있다.

셋째, 문화산업 관련 기업 환경이 매우 열악하다. 디지털콘텐츠 관련 도내 기업은 종업원이 평균 10명 미만의 소규모이며, 대부분 설립된 지 2~3년 정도의 신생기업이 주류를 이루고 있었다. 지역 관련 기업의 경쟁력 강화와 자생력을 높이고 산학연 네트워크를 통해 시너지 효과 창출을 유도할 수 있는 시스템이 필요하다.

넷째, 문화산업 관련 핵심기술 연구기반이 부족하다. 중소벤처기업의 기술적인 애로사항을 해결하고 신규사업을 위한 핵심기술을 지원할 수 있는 R&D 센터의 부재로 관련 기업의 경쟁력이 약화되고 있었다. 이 같은 문제의 해결을 위해 수도권, 대덕연구단지 등 인근지역과의 네트워크 형성, 산학연 공동연구 개발과 우수 아이템에 대한 상용화 지원 등이 시급한 것으로 나타났다.

(2) 충남 문화산업 육성전략

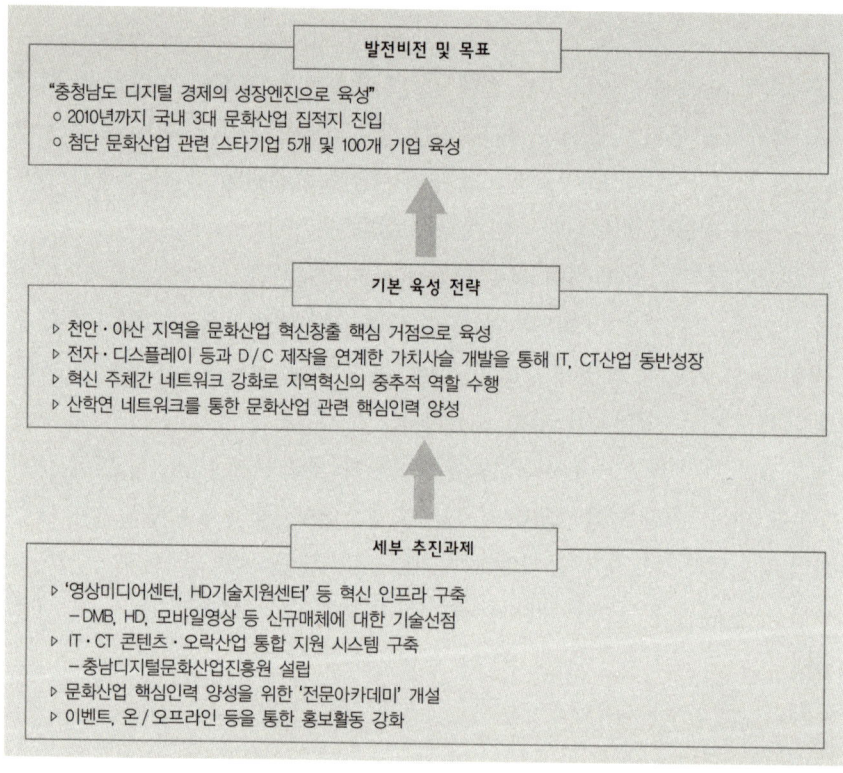

발전비전 및 목표

"충청남도 디지털 경제의 성장엔진으로 육성"
○ 2010년까지 국내 3대 문화산업 집적지 진입
○ 첨단 문화산업 관련 스타기업 5개 및 100개 기업 육성

기본 육성 전략

▷ 천안·아산 지역을 문화산업 혁신창출 핵심 거점으로 육성
▷ 전자·디스플레이 등과 D/C 제작을 연계한 가치사슬 개발을 통해 IT, CT산업 동반성장
▷ 혁신 주체간 네트워크 강화로 지역혁신의 중추적 역할 수행
▷ 산학연 네트워크를 통한 문화산업 관련 핵심인력 양성

세부 추진과제

▷ '영상미디어센터, HD기술지원센터' 등 혁신 인프라 구축
　－DMB, HD, 모바일영상 등 신규매체에 대한 기술선점
▷ IT·CT 콘텐츠·오락산업 통합 지원 시스템 구축
　－충남디지털문화산업진흥원 설립
▷ 문화산업 핵심인력 양성을 위한 '전문아카데미' 개설
▷ 이벤트, 온/오프라인 등을 통한 홍보활동 강화

(3) 충남 문화산업 육성방안

❶ 문화산업 활성화를 위한 3대 추진과제

충청남도에서 문화산업 육성을 위해 추진해야 할 과제(액션 플랜)는 먼저, 관련 기업들이 문화산업에 대한 기업활동, 연구활동 및 창작활동이 일어날 수 있는 기반을 조성하는 것이다. 문화산업 활성화를 위한 혁신 인프라의 구축을 최우선 과제로 선정하였다.

두 번째, 문화산업 육성을 위한 추진과제는 지역의 풍부한 대학과 인력을 연계한 인력양성 시스템을 통해 인력을 양성하는 것이다. 앞에서도 살펴보았지만 타 산업과 달리 문화산업은 창작에 대한 의존도가 높고 그만큼 우수한 인력의 중요성은 어느 산업보다 주요하다. 이러한 이유로 인해 인력양성을 두 번째 중점 추진과제로 선정하였다.

세 번째, 지역문화산업 비즈니스 환경의 개선을 중점과제로 선정하였다. 지역 기업의 여건은 수도권에 비해 매우 열악하다. 이러한 열악한 조건에서 스타콘텐츠를 발굴하고, 세계적 경쟁력을 확보하기는 매우 힘들다. 이제 문화산업은 거대한 자본에 의해 성패가 좌우되는 머니게임(Money game)이다. 또한 국내의 시장은 포화상태에 있으며 중국, 일본, 미국 등 해외시장에서 새로운 가능성을 찾아야 하는 시점이다. 지역문화산업 역시 지자체뿐만 아니라 기업 스스로 자구적 노력을 통해 이러한 산업 환경의 변화에 대응하기 위해서는 유통구조 및 수익구조의 다각화 등을 통해 비즈니스 환경을 개선하여야 할 것이다.

충남지역 문화산업 활성화를 위한 3대 추진과제

D / C Action 1	문화산업 활성화를 위한 혁신 인프라 구축
D / C Action 2	D/C 혁신인력 양성을 위한 연계 시스템 구축
D / C Action 3	지역문화산업 비즈니스 환경 개선

그림 14 문화산업 육성을 위한 계별 중점추진 사업

인프라 구축 단계 '04 ~ '05

○ 영상미디어센터 설립
 - 건축, 장비구축
 - 인력확보
○ 영상문화복합단지 설립
 - 설립 및 홍보강화
○ 영상테마파크조성 사업
○ 기술혁신종합지원센터
○ 영상아카이브센터 설치
 - 관련기관 협의
○ 문화기술아카데미 설치
 - 산학연계 시범운영
○ 문화산업협의회 구성

클러스터 성장 단계 '06 ~ '07

○ 영상미디어센터
 - 입주기업 모집(40개)
 - 홍보활동 강화(연중)
 - 국내외 박람회 참가
○ 영상아카이브센터
 - 영상DB 구축
○ HD기술지원센터 설립
 - 관련 기관 협약
○ 스타기업유치 TF팀 구성
○ 영상위원회 구성, 활동
○ 디지털문화산업진흥원설립
○ 클러스터 브랜드 강화

클러스터 안정 단계 '08 ~ 이후

○ 영상미디어센터
 - 입주기업 모집(20개)
 - 스타기업 유치(3개), 국제기술세미나(연 1회)
○ 초광역클러스터 구축
 - 수도권, 대전 등 연계
 - ETRI, KAIST 연계
○ 첨단문화산업 박람회개최
○ 문화산업인프라 확충
 - 박물관, 테마파크 등
○ 첨단문화산업지구 지정
 - 문화관광부

❷ 문화산업 활성화를 위한 세부과제

지금부터 충청남도의 지역문화산업을 육성하기 위해 앞에서 제시한 3대 중점추진에 대한 세부실행 과제를 구체적으로 제시해 보기로 하자. 본 내용들은 현재 충남지역 혁신기

관 및 대학 등에서 추진하고 있거나 향후 추진계획에 있는 사업을 중심으로 살펴보고자
한다.

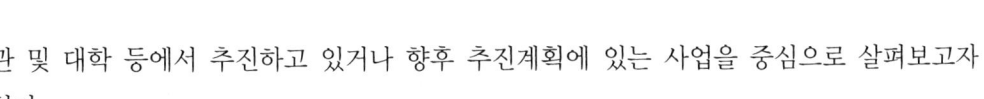

□ 선택과 집중으로 문화산업 혁신 인프라 구축
　① 영상미디어산업 사업화센터 설립
　　○ 문화산업 집적화 및 지원을 위한 종합 지원센터 구축
　　　− IT, CT산업 육성 및 중소기업 기술개발·장비 지원 사업
　　　− 중소·벤처기업 창업보육, D/C 전문인력 양성 및 맞춤형 교육 실시
　　　− 클러스터 포럼, 해외 전문가 초정 세미나 등 기술기반 조성
　　　⇨ 지역혁신체계의 플랫폼역할 및 핵심창출의 거점 마련

　② 천안영상문화복합단지조성
　　○ 문화사업의 핵심 제작센터로 자리매김
　　　− 첨단문화산업단지 조성으로 고용창출 및 지역경제 활성화
　　　− 첨단 문화산업의 대중화 기여 및 한국적 문화산업 문화 창달
　　○ 사업내용
　　　− 유치업종 : 애니메이션산업(게임, 광고, 영상비디오, 출판, 멀티미디어, 음반,
　　　　S/W)
　　　− 사업내용 : 애니메이션 관련 종합단지 조성(애니메이션 기획, 창작, 제작, 출판,
　　　　교육, 상영시설, 박물관, 전시관, 게임산업시설, 정보센터 등)

③ 기술혁신 종합 지원센터 설립
  ○ 중소벤처기업의 애로사항 해결 서비스 등 종합지원시스템 구축
    - 연구, 교육, 금융기관, 세무 등 종합 인프라 제공
    - 지식기반산업 관련 기술, 정보, 교육훈련 등의 종합지원

④ 영상테마파크 조성사업
  ○ 문화사업 인지도 구축 및 관광사업과 연계추진
    - 영상·애니메이션에 의한 미래지향적인 산업 특성화와 대학의 특성화를 도모하고 중부권 문화산업 중심지로 균등발전
    - 에듀엔터테인먼트 관련 소비수요 확대에 부응하여, 이를 제작·지원할 수 있는 공급체제와 기술과 디자인이 결합된 교육을 통해 국제사회의 수요에 부응하는 전문인력 양성 및 대학의 경쟁력 강화와 특성화에 기여
  ○ 사업의 내용
    - 도입시설: 촬영소·스튜디오, 실험극장 건립, 산·학 협력기관 및 산·학 협력단지 조성, 오픈 세트 조성

⑤ HD 기술지원센터 설립
  ○ 문화산업기술의 발전과 더불어 향후 문화산업은 '디지털과 고품위(HD)가 시장을 선도할 것'으로 예상되며, 이러한 문화산업 환경에 대처하기 위해 HD 기술연구센터 설립을 통해 관련 콘텐츠 제작, 표준, 장비 등에 대한 기술을 선점함으로써 문화산업 활성화 및 디지털 충남의 이미지를 극대화
  ○ 협력 가능기관
    - 한국방송영상산업진흥원: 기술교육 등

　　　　－ 한국소프트웨어진흥원(디지털콘텐츠사업단) : 지역 멀티미디어지원센터 등 관련
　　　　사업 지원

⑥ 충남디지털문화산업진흥원 설립
　　○ 충청남도 지역에 산재한 첨단 문화산업 주체들 간의 통합을 통해 기업지원정책의
　　　일관성 및 중복 투자 방지
　　　　－ 중장기 육성계획 수립 및 비전제시, 문화산업클러스터 조성
　　　　－ IT, CT 관련 공용장비구축, 기술지원, 기업지원, 영상이벤트사업
　　　　－ R&D, 해외 마케팅, 이벤트 개발, 충남 첨단 문화산업 포럼 등

D / C Action 2	D / C 혁신인력 양성을 위한 연계 시스템 구축

① 디지털콘텐츠 아카데미 설립

> － 도내 문화산업 관련 대학 및 대학원 졸업생 ⇨ 16개 대학 2,500여명
> － 관련 중소벤처기업 50여개 ⇨ 1,000여명 예상

　　○ 영상미디어센터 내 전문교육 아카데미 개설 운영('06년, 연 100명)
　　　　－ 센터 보유 전문장비의 효율성 극대화
　　　　－ 충남도내 관련 대학 재학생 및 졸업생을 대상 수요조사('04. 10)
　　　　－ 기업요구에 맞는 핵심인력 양성을 통해 도내 중소벤처 기업의 구조개선 및 사
　　　　　업의 OSMU 개념을 통한 다각화 지원
　　　　⇨ 스타기업육성 및 유치 시스템 개발
　　　　－ 디지털콘텐츠 기획, 유통, 마케팅 등 필수 핵심인력 집중 육성

② 산학연 연계 교육 프로그램 운영
  ○ 관련 대학중심의 D/C 관련 전문인력 양성(NURI 사업)
  ○ 산학연 연계 전문 교육 실시
    – 대학: 학생 수급(학점인증 협약 등을 체결, 참여도 향상)
    – 기업: 교육 프로그램 및 커리큘럼 개발, 강사 제공
    – 진로: 교육 수료 후 기업 취업을 유도하여 교육효과 제고
    – 주체: 영상미디어센터 등 공익 목적으로 구축된 공익기관 담당
    – 교육내용: 프로젝트를 기반으로 한 맞춤형 교육 실시
    ⇨ 문화산업 관련 기업과 연계한 인력양성사업 추진

D/C Action 3	지역문화산업 비즈니스 환경 개선

① '충남문화산업협의회' 구성
  ○ 충남도 문화산업 혁신 주체 간 협력을 통한 '혁신체계 구축'
    – 산·학·연 연계를 통한 혁신네트워크 형성
    – 신기술 개발, 정보교류, 연구인력 양성, 핵심기술 개발 등
    – 문화산업의 산업별 연구분과 구성을 통한 산학교류 활성화
  ○ 정보공유 네트워크 형성을 위한 정기 문화산업전문가 포럼, 학술대회, 국제 기술세미나 개최 및 유치, 해외 기술교류 사업, 신기술 평가 등
    ⇨ 기업체 및 연구소가 주체가 되어 클러스터 구축에 필요한 혁신역량 결집(충남도내 관련 기업 부족으로 수도권 전문가 참여 유도)

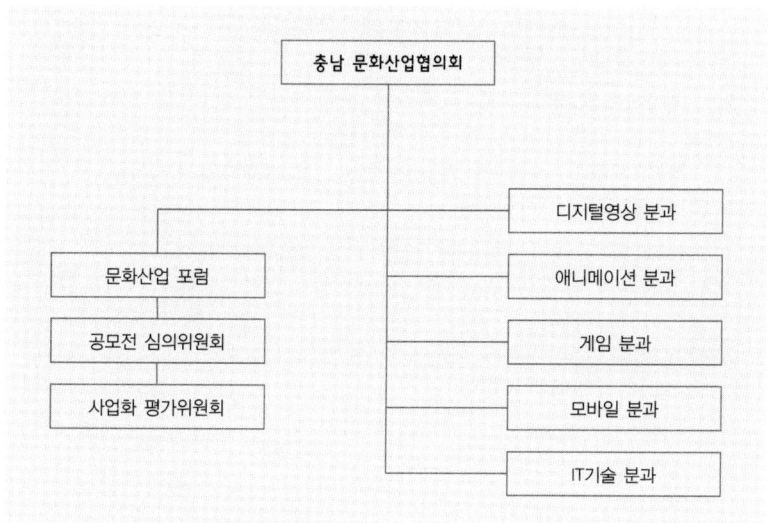

그림 15 충남 문화산업협의회 구성도

② 디지털 영상 아카이브센터 설치
  ○ 목적 : 방송, 영화, 다큐멘터리 등 문화를 첨단 IT 기술과 접목하여 보존함으로써
    문화자원을 통한 관련 기업의 문화자원에 대한 효율적 활용을 증대시키고, 영상문
    화체험, 관광 등 지역문화산업 발전에 이바지함.
  ○ 기존설치운영기관 : 한국영상자료원(영화, 다큐멘터리 등), 한국방송영상산업진흥원
    (방송 영상 등)
  ○ 기능
    − 영상자료에 대한 백업센터의 역할

     – 문화DB 구축에 대한 표준화 및 상용화 개발
     – 프로그램 분류, 검색 등을 위한 데이터베이스 역할

③ 영상위원회(Film Commission) 구성
   ㅇ 충남도내 영화, 드라마, CF 유치 및 영상물 촬영에 대한 종합적인 지원
     – 방송, 드라마, 영화, CF 제작 유치를 통한 관광자원 개발
     – 영상문화관련 이벤트 기획
     – 도내 홍보, 관광 영상 DB 구축
     ⇨ 충남도내 전통문화유산, 자연경관 등 지속가능한 자원의 효율적 활용 창구 마련

④ 홍보활동의 강화 : 클러스터 브랜딩(Cluster Branding)
   ㅇ 문화산업 클러스터 통합 브랜드 개발
     – 추진방안 : 브랜드, CI, 캐릭터 개발 등을 통한 체계적이고 지속적인 클러스터
       홍보 및 클러스터 이미지 강화
   ㅇ KOBA, SICAF 등 국제규모의 박람회 참가
     – 국제 규모의 행사 참여를 통해 영상미디어센터 등 지역 혁신기반 설명
     – 관련기업에 대한 홍보를 통해 우수기업 관내 유치
     – 충남도 D / C관련 기업 공동 홍보 '충남 첨단문화산업' 부스 마련
   ㅇ 해외 전문가 초청 기술세미나 개최(년1회)
     – 국내외 유명 개발자 초청 기술세미나를 통해 클러스터 이미지 강화
     – 유명 기업의 신제품 발표회 및 기술 특강 개최

⑤ 충남디지털 문화산업 콘텐츠 경진대회(공모전) 개최
   ㅇ 영상미디어센터를 중심으로 도내 관련 대학, 유관기관, 기업이 연계한 공모전을 통해 우수작품 및 개발자 발굴에 역점

○ 우수 작품에 대한 '개발지원 및 상용화 지원시스템'을 통해 도내에서 창업이 이루
  어지도록 유도
  - 사업규모 : 전국 규모(대학, 일반, 기업부문)의 공모전 실시
  - 도내 관련 학과 학생들의 졸업작품전시회 등과 연계를 통해 시너지효과 창출
  ⇨ 전국 규모의 경진대회를 실시함으로써 新영상메카로서의 충남도의 문화산업 육
    성의지를 홍보, 이미지 개선 효과 기대

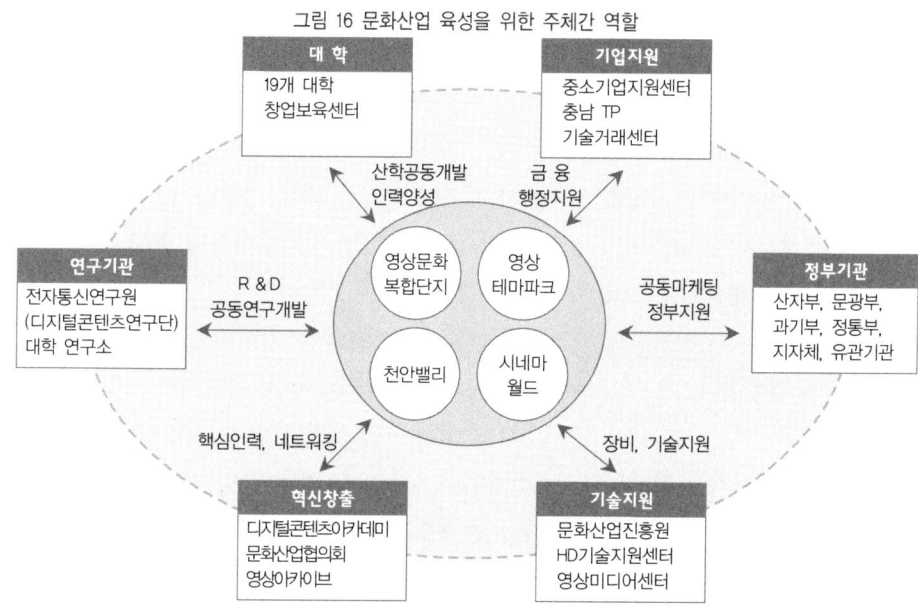

그림 16 문화산업 육성을 위한 주체간 역할

6. 결 론

문화산업은 도시지향적 성격이 매우 강한 산업이다. 이러한 특성으로 인해 국내 문화산업의 90% 이상이 수도권에 집중되어 있으며, 문화산업 분야에 종사하거나 종사를 희망하는 많은 신규 인력 역시 수도권에 밀집되고 있다. 심지어 대다수의 지역의 중소 문화산업 관련 기업들 역시 서울에 입성하는 것을 목표로 생각하고 있다.

그렇다면 왜 이들 기업이 서울을 지향하는 것일까? 지역(충청남도)에서 첫 번째 고민은 여기에서 출발해야 한다. 서울은 지역에 비해 잘 갖추어진 인프라, 거대한 소비시장, 우수한 교육여건 등이 지역에 비해 월등히 우수하다. 지역에서는 이러한 여건을 조성하기 정말 불가능한 것일까? 세계적으로 유명한 "할리우드", "반지의 제왕"으로 명성을 날린 뉴질랜드, "실리콘 밸리" 등은 이러한 국내의 현실과는 다소 동떨어진 사례로 보인다.

본 연구 역시 이러한 현실을 감안하면서 지역의 여건을 최대로 살릴 수 있는 방안을 강구하는 데 많은 부분을 초점을 맞추었으며, 그 해답은 바로 지역문화산업 관련 기업들의 애로사항을 찾는 데서 해결책을 찾을 수 있다고 본다.

첫째, 지역이라는 약점이 강점이 될 수 있다. 충청남도라는 지역의 물리적, 심리적 거리는 수도권에 비해 열악하다. 이 문제는 수도권을 제외한 전국 어디나 해결할 수 없는 공통된 문제이다. 이러한 지역적인 약점을 강점으로 살릴 수 있는 대안 마련이 지역에서 문화산업을 일으킬 수 있는 해결책이 될 것이다. 다행스럽게 영상제작 환경이 디지털로 전환되면서 인식의 변화만 줄 수 있다면 가능할 것 같다는 기대를 가지고 연구를 진행했다. 또 한 가지는 지역이 가지고 있는 장점을 최대로 살릴 수 있어야 한다는 생각으로 지역이 가지고 있는 장점 찾기에 몰두했다.

다행스럽게 충청남도는 천혜의 경치를 자랑하고 있는 안면도 등 서해안과 백제 유적 등 많은 문화유산을 가지고 있으며 이러한 문화유산 및 자연환경은 문화산업을 활성화하는 데 기본적인 자산이라 할 수 있다. 문제는 이러한 자산을 어떻게 활용하고 사업으로 만들어 낼 것이냐에 대한 문제이다. 그리고 이러한 자원을 어떻게 정책적으로 문화산업으로 만들 수 있도록 체계적으로 지원할 것인가일 것이다.

또한 이러한 문화유산과 자원을 어떻게 문화산업과 연계시키고 개발할 것인가를 스스로 고민해야 할 것이다. 충청남도가 소유하고 있는 천혜의 자연환경과 백제의 문화유산은 아직 많이 알려지지 않고 있다. 이러한 무형의 자산들을 체계적이고 전략적으로 문화산업으로 전환시킬 육성정책을 추진한다면 지역문화산업을 활성화시킬 수 있는 단초로서 작용할 것이다.

자연환경, 관광 등을 문화산업으로 육성하기 위한 한 가지 방편으로 앞장에서 언급하였던 영상위원회의 설립은 좋은 사례가 될 수 있을 것이다. 영상위원회를 통한 조직적인 홍보, 그리고 관광산업과 연계성을 가지고 활성화 전략을 수립하고 추진한다면 충분히 문화산업을 지역에서 활성화시킬 수 있다. 특히 이러한 위원회를 통해 백제문화의 보존과 문화사업화, 내포문화가 가지고 있는 독특한 문화 환경 등은 많은 강점으로 승화시킬 수 있는 가능성을 가지고 있다. 아직 화면에 보여지지 않은 신선한 화면을 제공할 수 있는 천혜의 환경은 시청자들로 하여금 많은 호기심을 자아내게 할 수 있으며, 이러한 점들은 충분히 활용할 가치를 지니고 있다.

지역의 문화유산과 천혜의 자연환경은 지역이 가지고 있는 고유의 자산이며, 지역에서 가

장 경쟁력 있는 부분일 것이다.

문제는 어떻게 할 것인가 하는 것일 것이다. 먼저 영상위원회 등 자원을 체계적으로 활용할 수 있는 시스템을 구성하는 것이 중요하다. 이는 앞에서 설명한 것처럼 관광산업과 연계할 수 있어 지역경제 활성화에 많은 도움이 될 것이다. 또 이를 통해 문화산업 관련 기업이 지역에 관심을 가질 수 있도록 유도해야 할 것이다. 지역문화산업 활성화는 기업이 지역에서 활발한 기업 활동을 통해 이루어진다는 것을 명심해야 할 것이다.

기업을 유치하기 위해서는 단순히 우수한 인프라(장비, 시설 등)를 제공하고 경제적 지원을 한다면 우수 기업을 유치할 수 있을 것이라는 생각은 그릇된 생각이다. 무엇보다 선행되어야 하는 것이 바로 기업이 원하는 것이 무엇인가를 파악하는 것이다.

설문조사와 방문조사 등을 통해 얻은 결론은 바로 우수한 문화산업 관련 기업이 지역에 정착하고 뿌리내릴 수 있게 하는 것은 지역기반 인재공급 시스템 확보라는 결론을 내릴 수 있었다.

지역이라는 약점을 강점으로 만들기 위해서는 지역의 가용자원(자연환경 등)의 효율적 활용과 지역 기업으로 정착하고 창업을 활성화할 수 있도록 지역 대학과 연계한 고급 전문인력 양성 시스템 구축이 무엇보다 시급하다.

둘째, 지역문화산업 활성화를 위해서는 선도기업(Leading Company)이 필요하다. 선도기업은 산업분야를 대표하는 기업이다. 사례로 미국의 '디즈니'는 만화영화를 대표하는 기업이며, '다음'은 국내의 인터넷포탈을 대표하는 기업이다.

지역문화산업 활성화를 위해서는 지방자치단체에 맞는 시스템을 구축하는 것이 아니라 기업의 눈높이에 맞추어서 모든 일을 진행하는 것이 절대 필요하다. 기업은 시장 환경에 따라 수시로 변한다. 경직된 사고로 기업을 이해할 수 없다. 기업이 필요한 것이 무엇인가를 찾아 줄때 기업은 마음을 열고, 다가와 준다는 것을 설문조사를 통해 절실하게 알 수 있었다.

기술 환경의 변화에도 능동적으로 대응할 수 있어야 기업이 자신을 가지고 지역에서 기업 활동을 할 수 있게 된다.

셋째, 산업적 특수성을 정확하게 이해해야 한다. 특히, 문화산업은 특수한 환경을 가지고 있다. 타 산업과 동일한 방법으로 접근하여 실패를 경험한 많은 지방자치단체의 사례를 보았다. 문화산업은 종합예술이고 기술 집약적 산업이다. 문화산업 내에서 특화분야 육성이니, 선택과 집중이니 하는 타 산업과 같은 방법으로 접근함으로써 많은 실패의 사례를 보았다.

문화산업은 관련 전후방산업과 연계해서 상생적으로 발전할 수 있다는 것을 명심해야 하며, 기획 단계에서부터 완제품에 이르기까지 ONE-STOP으로 서비스를 할 수 있어야 관련 기업이 기업 활동을 효율적으로 할 수 있는 산업적 특성을 충분히 인식하고 사업을 추진해야 한다.

또한 지원기관을 만들고 지원기관으로서 충분한 역할을 할 수 있을 때 기업이 지원기관을 믿고 의지하며, 사업 활동을 편하게, 그리고 왕성하게 할 수 있다는 것을 충분히 인식하고 지원기관으로서의 역할만을 충실히 할 수 있도록 지방자치단체 등에서 철저하게 독립적으로 운영할 수 있도록 해야 할 것이다.

본 연구는 지원기관의 입장에서 기업의 애로사항과 기업의 필요사항이 무엇일까라는 의문을 가지고 정리했다.

우리나라의 많은 지방자치단체에서 추진하였으나, 성공하지 못한 영상미디어센터들을 안타깝게 바라보면서 향후에 추진되는 유사 기관들이 다시는 실패의 사례를 남기지 말아야 하겠다는 생각이었다. 본 연구가 조금이나마 지역문화산업 활성화에 기여하고 이를 통해 국가 경쟁력을 확보하는 데 밑거름이 되었으면 한다.

참고문헌

고정민, 「부천 문화산업 클러스터의 중장기 발전전략」, 삼성경제연구소, 2002. 12.

구문모, 「국내 게임산업의 발전전략」, 산업연구원, 2000.

구문모(외), 「문화산업의 발전방안」, 을유문화사, 2000.

구준모, 「문화산업과 클러스터정책」, 산업연구원, 2001. 12.

기획예산처, 문화상품의 개발 및 유통효율화 사업 지원 확대, 보도자료, 2002. 8.

김혜숙, 「한국문화콘텐츠진흥원 기능 활성화방안」, 예산정책현안보고서 제2호, 국회사무처, 2002.

문화경제학회, 「문화경제학 만나기」, 김영사, 2001.

문화관광부, 「2001 문화정책백서」, 문화관광부, 2001.

문화관광부, 「문화콘텐츠산업 발전정책」, 문화산업육성정책방향 워크샵 자료, 문화관광부, 2001. 8.

부천시, 「송내첨단문화산업단지 조성계획」, 부천시, 2001. 12.

산업연구원, 「문화산업과 도시발전」, 2001. 12.

삼성경제연구소, 「Issue Paper : 콘텐트비즈니스의 새 흐름과 대응전략」, 2002. 7.

삼성경제연구소, 「부천 문화산업클러스터의 중장기 발전전략」, 2002. 12.

삼성경제연구소, 「한국 문화산업 발전을 위한 긴급제언」, CEO Informetion 제361호, 2002. 8.

유승호, 모바일게임 산업 동향과 발전방안 연구, KGPC정책보고서 01-01, (재) 게임종합지원센터 게임연구소, 2001. 5.

정보통신부, 「디지털콘텐츠산업발전 종합계획-Digital Contents Action Plan 2005」, 정보통신부, 2001. 4.

중앙일보사, 삼성경제연구소, 「산업 클러스터의 성공원리와 발전전략에 관한 심포지움 주제발표논문집」, 2002. 10.

충청남도, 「21세기 충남산업의 발전전략과 과제」, 2004. 10.

한국문화예술진흥원, 한국문화콘텐츠진흥원, 「CT산업정책포럼 주제발표논문집」, 2002. 6.

한국문화정책개발원, 정보통신정책연구원,「문화콘텐츠산업 진흥방안」, 2000.
한국소프트웨어진흥원,「2003년도 국내 디지털콘텐츠산업 시장조사 보고서」, 2003. 2.
한국소프트웨어진흥원,「2003년도 디지털콘텐츠 해외시장조사 보고서」, 2003. 4.
한국지방행정연구원,「지방문화산업 육성방안 : 문화산업지구 조성을 중심으로」, 2000.
EDAW / Urban Culture, *Sheffield Cultural Industries Quarter : Strategic Vision & Development Study*, 1998.
Peneder, M., Dynamic of initial cluster formation : the case of multimedia and cultural content in Innovative
　　　　Clusters, OECD Proceedings, OECD, 2001.